KB025123

카발라, 수비학, 4원소의 매트릭스 리딩

타로카드
매트릭스

카발라, 수비학, 4원소의 매트릭스 리딩

타로카드 매트릭스

장재웅

물병자리

Prolog

공부를 시작하는 당신에게

타로 공부를 시작하려고 이 책을 펼친 당신에게 조금이나마 먼저 접하고 연구한 길잡이로서 가슴 깊이 찬사를 보낸다. 어떤 감정, 어떤 계기로 타로를 시작했을지 모른다. 남모를 아픔이 있었을 수도 있고, 남에게 보여주기 위해 시작했을지도 모르며, 단순히 예쁜 그림 때문에 또는 신기해서 발을 들여놓았을지도 모른다. 어떤 계기에서든 확실한 건 타로 공부는 쉬운 일이 아니다. 막연한 기대로 이 책을 본다면 어쩌면 공부에 도움이 되지 않을 수 있다. 이 책 한 권으로 완전한 무엇인가를 얻으려고 하지 말길 바란다. 이 책은 타로를 이해하는 시야를 조금 더 넓게 하여 많은 것을 찾아보게끔 하는 길잡이 책이다. 그리고 작은 바람이 있다면, 타로에 대한 기대가 무너지거나 인생에서 아무도 당신에게 손을 뻗지 않을 때, 이 책이 당신에게 다소 투박하고 굳은살 배겨있는 단단한 손을 내밀어 주는 친구가 되었으면 하는 것이다.

이 책을 통해 이야기하고자 하는 타로에 대해 최소한의 가이드는 네 가지다.

첫째, 타로 덱의 정보를 적어 놓은 매뉴얼을 카드의 그림과 함께 천천히 읽어 보자.

타로는 누구에게나 어렵다. 장담컨대 당신에게도 마찬가지일 것이다. 나는 덱 78장의 의미를 매뉴얼을 보면서 일주일 걸려 익혔다. 이 일주일은 놀면서 한 것이 아니다. 자는 시간 빼고 매뉴얼을 소설책 읽듯 서른 번 읽었다. 나는 이 시기가 정말 행복하고 재미있었다. 타로는 우리가 하는 일반적인 공부, 즉 학교 교육, 전공, 외국어 자격증, 전문기술 자격증 공부 등과 다르다. 이런 공부는 선구자들이 차곡차곡 요령을 쌓아 온 것으로 학문의 역사가 길수록 학습 난이도가 낮은 게 일반적이다. 타로는 역사가 비교적 짧다. 게다가 학문의 특성상 요령을 쉽게 풀기보다 어렵게 꼬아놓는 것을 미덕으로 여기는 분위기가 있기 때문에 굉장히 어렵다. 욕심 부리지 말고 마음을 놓고 재미있게 접근하길 바란다.

둘째, 타로를 공부하면서 무엇인가 얻을 것이란 기대를 하지 말자.

타로를 통해 점을 보게 되면 맞는 것 같은 기분이 들게 된다. 그러나 이때 우리는 함정에 빠지지 말아야 한다. 두려운 것은 당신이 확신을 가지고 상담한 타로 점에 대한 답을 확인하는 데엔 오랜 시간이 걸린다는 것이다. 이는 오답 노트를 작성하기 매우 어렵다는 뜻이고, 오류를 수정하는 데 오랜 시간이 걸린다는 말이다. 자칫 잘못된 해석으로 잘못된 길잡이가 돼버릴 수 있다. 그렇다고 타로를 사용하지 않을 순 없는 일이다. 그러므로 처음 타로를 하는 당신은 타로에 자만하면 안 된다. 이는 숙련자든 전문가든 타로에 대한 올바른 자세를 지녔다면 자신의 해석과 이론에 자만하지 않게 된다. 만약 당신 주변에 타로에 대해 자부심을 가진 사람이 있다면 한 번쯤은 이 사람을 믿을지 말지 의심해봐도 좋다.

셋째, 카드 이미지와 키워드를 대조해서 자신만의 이야기를 만들어라.

처음 시작할 땐 매뉴얼에 의지할 수밖에 없다. 키워드가 적혀 있는 매뉴얼도 있고 아닌 매뉴얼도 있다. 만약 키워드가 적혀 있는 매뉴얼이라면 분명 카드에 대한 설명이 생략되어 있을 것이다. 키워드가 적혀 있지 않은 매뉴얼이라면 카드의 이미지에 대한 설명이 적혀 있을 것이다. 키워드가 적혀 있는 매뉴얼이라면 당신이 의지할 수 있는 건 이것뿐이므로 카드 이미지와 키워드를 대조해서 자신만의 이야기를 만들어야 한다. 키워드가 적혀 있지 않은 매뉴얼이라면 당신이 의지할 수 있는 건 카드 이미지에 대한 설명이다. 카드 이미지를 자기 방식대로 해석하다가 자칫 잘못된 방향으로 가는 경우가 있어서, 이를 막기 위해 카드 이미지에 대한 설명을 매뉴얼에 작성해 둔 것이다. 키워드가 있다면 키워드를 중심으로 이미지를 자유롭게 상상하고, 키워드가 없다면 카드의 이미지를 작가가 설명한 틀 안에서 상상하고 탐구하며 키워드를 자신이 만들어가도록 한다. 이것이 키워드 중심으로 공부하는 방법이다.

마지막으로 당신이 타로를 좀 더 깊고 전문적으로 공부하고자 한다면 키워드를 버려야 한다. 정확히는 키워드를 넘어서야 한다.

키워드는 작가가 제시하는 하나의 단서이다. 그것을 중심으로 카드를 이해하는 것은 올바른 공부방법이다. 그러나 나중에 타로의 한계를 느끼게 될 때가 있을 텐데 그 이유는 대부분이 키워드 때문이다. 지금 당장은 '해석하는 것'이 중요하다. 그러나 시간이 지나면 해석의 '정확도를 높이는 것'이 중요해질 것이고, 더 시간이 지나면 해석을 통해 '좋은 조언을 하는 능력'을 바라게 될 것이다. 키워드는 해석할 수 있게 해주지만 정확도를 높여주진 못한다. 그래서 해석을 하는 것에서 정확도를 높이는 데 필요한 것이 바로 '이론'이다.

타로는 일종의 언어다. 누군가 하는 말을 자신의 상식을 통해 이해하고 받아들이는 건 당연하고 일반적이다. 그러나 정말 그 사람 생각의 본래 의미로 받아들인 것일까? 아니다. 소통은 어쩔 수 없이 자신의 잣대로 판단한다. 이는 정확함을 요구하는 타로에서 '편견'이라는 암적인 형태로 작동한다. 키워드는 후에 키워드 자체만으로 '편견'이 되어버리게 된다. 지금 당장 실감하지 않아도 좋다. 그리고 이것 때문에 키워드를 배척하는 것도 좋지 않다. 왜냐하면, 처음 시작하는 당신이 붙잡을 수 있는 건 이것밖에 없기 때문이다. 그러나 키워드로 하는 타로의 한계를 극복하고 타로의 진면목을 알기 위해선 처음부터 키워드가 아닌 '이론'으로 시작하는 것이 좋다고 생각한다.

최소한 당신이 위의 네 가지를 가볍게라도 인지한다면 처음 타로를 접할 때 최소한의 부담은 없을 것으로 기대한다.

이론의 필요성과 매트릭스

타로에 어느 정도 익숙한 사람이라면 이 책은 이미 알고 있는 내용일 수 있다. 키워드를 넘어서야겠다는 생각을 하는 사람도 있겠지만, 보통은 키워드를 자신의 문제점으로 생각하진 못한다. 혹시 당신에게 키워드가 문제가 되지 않는다면 그것도 좋다. 이 책은 당신에게 필요 없을지도 모른다. 그러나 여전히 키워드에 대해 진지하게 고민하는 사람들에게는 이 책은 충분히 의미 있고 놀라운 만남일 것이다.

매뉴얼을 통해 덱을 이해하는 구조가 키워드 공부법이다. 이를 강의하는 사람들이 좀 더 꼼꼼하게 가이드라인을 잡아주긴 하지만 그것이 해석에 큰 영향을 주진 못한다. 키워드에 대한 문제는 첫 책인 『타로 해석학 개론』에서 서술한 바 있는데[1] 앞서 서술한 것처럼 키워드로 공부하는 것을 부정하진 않는다. 그러나 키워드 공부로는 발전하기 매우 어렵다. 그 이유는 키워드가 작가의 '기표'이기 때문이다.

타로는 매트릭스(Matrix)를 기반으로 만들어진 신비주의 학문의 집약체이다.

매트릭스는 (발생·성장·생성의) 모체, 세포의 간질(間質), (광석의) 기질, 문자의 자음 모음, 수학의 행렬 등을 일컫는 용어다. 즉 어떤 현상이나 이론이 있기까지 그 바탕에 놓인 기반을 뜻한다. 타로의 기반은 인류의 역사와 신비주의의 전통 속에 놓인, 카발라, 수비학, 4원소, 어스트랄러지 등에 대한 이해다. 타로의 근원을 따지고 올라가다보면 만나게 되는 학문들이다. 한의학의 매트릭스는 음양과 오행의 동양철학인 것과 마찬가지 뜻으로 이해하면 좋겠다. 고대 철학의 기저에 놓인 이들 매트릭스는 동양과 서양을 막론하고 수학적 매트릭스, 즉 행렬의 의미를 동시에 지닌다. 행에 부여된 매트릭스의 기질과 열에 부여된 매트릭스의 다른 기질의 조응을 통해 특징적인 한 캐릭터의 위치가 부여된다. 그 지점을 위상이라고 부른다. 그 캐릭터는 그 위상에 해당하는 포텐셜(Potential), 즉 위치에너지를 갖게 되어 다른 캐릭터와의 상대적 에너지 차이로 인해 매트릭스 전체에 영향을 끼치게 된다.

이런 매트릭스를 공부하고 연구하는 한 명의 인간이 자기 생각을 주장하고 이론화하기 위해 타로의 이미지를 구축하게 된다. 그 과정에서 '상징'이 들어가며 최종적으로 대중에게 전달하기 위해 매뉴얼을 서술하여

---

1) 장재웅 (2018) '타로 해석학 개론', 북랩, p51

기준점을 만든다.

거시적으로 봤을 때 타로의 제작은 위와 같은 과정을 거친다. 간단히 정리하면:

매트릭스 학문 ⇨ 작가의 고찰 ⇨ 이미지 구축 ⇨ 키워드 제작

일반적으로 타로 공부는 이 과정의 역순으로 진행한다. 키워드를 이해하고 그것을 기준으로 이미지 안의 상징을 점검하고 작가의 고찰을 깨닫고 비로소 살짝 보이는 커다란 덩어리의 매트릭스의 미세한 맛을 보게 된다. 단순히 타로 공부만 볼 때, 최초 매트릭스를 알기까지 매우 많은 단계를 거치게 된다. 나는 이것이 비효율적이라고 생각한다.

애초에 매트릭스를 먼저 공부하면 타로 덱 작가들의 생각을 엿볼 수 있고, 더불어 작가가 왜 이 상징을 썼는지도, 그리고 최종적으로 키워드로 이야기하려 했던 바를 깨닫게 된다. 즉, 웨이트 타로(Waite Tarot)만 공부한다고 타로를 전부 알았다고 할 수 없게 된다. 웨이트 타로는 웨이트의 사상을 통한 타로의 '기의'를 맛보는 것뿐이다. 이것이 내가 추구하는 공부방식이다.

이는 해석에도 매우 큰 영향을 미친다. 키워드부터 시작된 공부는 작가의 개인 철학을 맹신할 수밖에 없다. 그리고 그 세계관을 기준으로 다른 작가를 판단하거나 개인을 평가하게 된다. 타로 해석에서 누군가의 철학을 맹신하는 것은 종교와 같다. 애초에 종교와 같은 작가 맹신으로 갈 거면 타로가 가진 종교인 '헤르메스'를 추종하는 게 더욱 효율적이지 않은가?

나는 이론을 모르는데 해석도 잘되고 아무런 문제가 없는데?'라고 생각

하는 사람도 있을 것이다. 이런 사람들은 자신의 상태를 모르는 사람들이다. 그런데 진심으로 이렇게 생각하거나 깊게 느끼는 사람이 있다면 당신은 '재능'이 있는 사람이다. 앞서 말한 타로를 구성하는 커다란 학문 덩어리는 말이 어렵지 타로는 인간이 내면에 가지고 있는 심리적 에너지와 알고리즘, 자연현상을 다루고 있기 때문이다. 전달과 소통을 위해 어려운 말과 단어로 쓰일 뿐 이미 당신은 이 이론을 학습하지 않아도 이미 알고 있다.

보통 이런 사례는 예술 계통의 학문 또는 체육 계통을 오랫동안 접힌 사람들에게 나타난다. 예술을 이해하는 방향은 타로를 이해하는 방향과 매우 흡사하다. 체육인의 경우는 단순히 근육만을 사용하는 것처럼 보이지만 자신도 모르는 사이에 순간적인 근육의 변화와 절제를 감각적으로 인지하는 것에 익숙한 사람들이다. 이 패턴을 머리로 인지하는 경지까지 올라가면 이 사람들에겐 이론 자체가 필요 없게 된다. 나머지는 그저 경험하고 타로를 재미있게 즐기기만 하면 된다. 이론은 앞서 말한 커다란 덩어리를 이해하는 것을 말한다. 아마도 키워드 암기와 그 이후 타로를 관심 있게 계속 이해하려 하고 해석하다 보면 커다란 학문 덩어리와 마주하게 될 것이다.

이 책은 타로 매트릭스의 일부분인 '카발라'와 '4원소', 그리고 '수비학'에 대해 다루게 될 것이다. 이 이론을 통해 좀 더 당신이 쓰는 타로 덱과 덱의 작가들이 어떤 감각과 생각으로 타로를 제작하려 했는지 탐구하는 데 도움이 될 것이다.

타로카드 매트릭스 개요

이 책의 주제는 4원소와 수비학을 통한 타로카드에 대한 매트릭스 해석이다. 4원소를 아리스토텔레스의 4원소와 카발라의 테트라그람마톤을 매트릭스로 하여 살펴보고, 피타고라스의 수비학과 카발라 세피로트 수비학을 교차하여 수비학의 매트릭스로 타로카드의 의미를 살펴본다. 타로의 구조는 메이저 아르카나(Major Arcana), 코트 카드(Court Cards), 핍 카드(Pip Cards) 등 세 가지 형식으로 나누어진다. 타로 구조 안에서 4원소와 수비학을 직관적으로 보여주는 구조는 40장으로 이루어진 핍 카드다. 핍 카드의 의미를 알아보기 전에 큰 그림에서 메이저 아르카나와 코트 카드의 의미에 대해 알아보자.

메이져 아르카나(Major Arcana)

메이져 아르카나는 22장으로 이루어진 카드 세트이다. 이 22장의 카드는 7행성(또는 10 행성)과 12황도 그리고 4원소로 구조화된다. 좀 더 자세히 살피면 22개의 히브리어 알파벳을 기표 화한 카드 세트이며, 카발라(Kabbalah)의 세피로트(Sephiroth) 나무의 22경로에 조응하여 인간 내면의 위상을 설정하여 만들어진다. 그렇게 만들어진 설정의 표현 형태는 점성학의 행성과 황도로 표현이 가능해진다. 정리하면 메이저의 기초 이론은 히브리어 알파벳과 세피로트 나무의 22경로 그리고 행성과 12황도로 간략하게 분류할 수 있다.

이들의 설명을 이해하기 위해서 먼저 학습해야 할 내용이 4원소와 수비학이다.

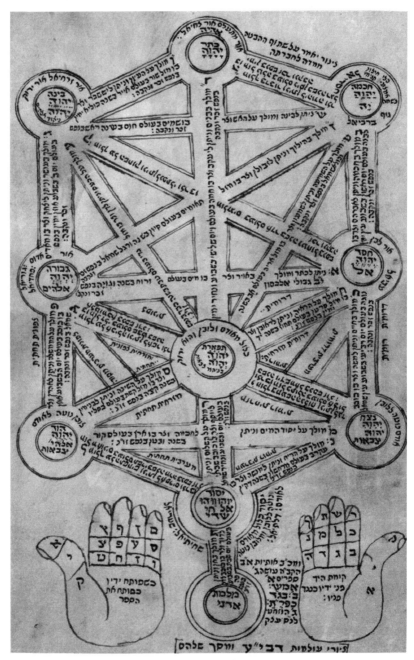

히브리어로 기록된 카발라의 세피로트(Sephiroth)

히브리어 알파벳은 메이저 아르카나를 직관적으로 보여주는 단순한 지표이다. 첫 번째 알파벳인 '알레프'는 '바보'다. 그저 직접 표현하는 기초 중의 기초다. 실제로 대부분 타로 작가들은 0번 카드인 바보를 바보로 이해하고 만든 것이 아니라 '알레프'를 이해하고 표현한 것이다.

여기서 타로의 역사와 선구자들의 발자취가 중요한데 0번을 바보로 하느냐 마법사로 하느냐로 크게 스타일이 구분되기도 하며, 8번 힘과 11번 정의 그리고 4번 황제와 17번 별의 교차 논란도 많으므로 역사적인 개념과 자신의 스타일 그리고 어떤 사고방식을 따라가야 할지 메이저의 기초를 공부할 때 선제 되어야 한다.

세피로트의 나무 22경로는 각각의 히브리어가 자연현상과 인간의 내면에 어떤 위치에서 어떻게 작용하는지에 대한 지표가 된다. 가령 '알레프'인 '바보' 카드는 11번 경로에 해당한다. 이 경로는 쉽게 말하면 명령을 내리는 뇌가 신체를 움직이기 위해 신경을 자극하는 경로와 흡사하다. 좀 더 사회적인 현상으로 비유하면 상사가 업무의 효율성에 대한 고찰을 부하 직원에게 전달하러 가고 있는 그 순간 인간의 알고리즘을 담고 있다. 자신의 의견에 대해 자신감 또는 불안감 그리고 이렇게 자신이 일하고 있다는 고양감 또는 이렇게까지 해야 하나라는 귀찮음 등등이 섞여 있으며, 이는 매우 주관적인 형태로 귀결된다. 대체로 이런 과정에 있다는 것은 기존의 것에 대한 '변화'가 필요하므로 '창조적인', '새로운 발견', '엉뚱한'이라는 키워드로 파생될 수 있다.

행성과 황도는 이렇게 많은 정보를 하나의 기호로 표현하기 위한 하나의 상징이며, 더 나아가 이 상징 자체가 히브리어를 대체하기도 한다. 히브리어를 몰라도 이런 상징만 알아도 의미 파악엔 문제가 크게 없다. 그러나 히브리어의 조응과 행성과 황도의 매칭이 동시에 이루어져 이해의 폭이 넓어졌을 때를 상상해보라! 어마어마한 양의 키워드가 당신의 머릿속으로 밀려들어 오게 된다.

이것이 바로 매트릭스 해석이다. 매트릭스의 행과 열의 구조 속에 놓인 다층적인 키워드의 중첩은 해석의 지평을 확장시킨다. 단지 기초 이론이지만 매트릭스 방식이 이해가 되면 타로를 해석할 때 희열을 느끼게 되며 지금까지 외웠던 키워드의 한계를 명확하게 보게 된다. 이미 키워드는 자신이 스스로 만들 수 있고, 질문에 맞는 키워드를 자기 마음대로 꺼낼 수 있을 테니까.

코트 카드(Court Cards)

코트 카드는 타로 구조 중 가장 어려운 구조로 되어있다. 실버 성단이 연구하여 제시된 이론도 상당히 수식이 복잡하다.[2]

기본적인 코트의 이론 구조는 4원소와 4계, 4개의 세피라(Sephira)로 표현되는 테트락티스(Tetractys)이다. 이 책에서 설명할 4원소는 외부로 발출되거나 외부로 나가려고 하는 성질을 가진 자연적 현상을 표현하려는 4개의 성질을 말한다. 4계는 세피로트 나무를 구성하는 단계를 말하는데 각각 신의 영역을 말하는 아칠루트(Atsilut), 천사의 영역을 말하는 브리아(Briah), 현자의 세계를 말하는 예트지라(Yetsirah), 물질세계를 말하는 아시야(Asiyah)로 나뉘며, 4원소를 4계로 분류하여 각각의 영역에서 어떻게 자연현상과 인간의 내면을 표현하고자 하는지에 대해서 탐구하여야 한다. 이 탐구 과정에서 필요한 것은 4개의 세피라인 호크마(Hokmah), 비나(Binah), 티페레트(Tipereth), 말쿠트((Malkuth)의 테트락티

---

2) 텔레마와 실버성단은 대체로 이론을 수학적 표현으로 하며 이를 문장으로 변환하여 비의적으로 전달하는 것을 즐긴다.

스 구조이다. 이런 이론은 그냥 보기엔 어렵지만 실제로 신비주의 집단에서 연구하는 내용을 보면 기초 중의 기초에 불과했다. 이들을 이해하기 위해서 메이저 아르카나와 같이 4원소와 수비학을 선제 조건으로 이해하고 있어야 한다.

코트에서 4원소는 대전제이다. 코트는 각각이 인간의 전체를 표현하는 형태를 가진다. 코트에서 불의 원소는 불의 형태를 가진 성향이 있는 인간의 형상을 보여준다. 이 대전제의 틀에서 각각의 4개의 단계를 가진 패턴으로 다시 분류한다. 이렇게 만들어진 형태는 다시 한 번 테트락티스를 이루는 4개의 세피라에 대입해 확실한 이론으로 해당 카드를 구조화하는 과정으로 기초적인 틀을 만들어준다.

이 책에서 타로의 구조 중 메이저와 코트를 다루지 않는 이유는 이처럼 이들이 4원소와 수비학을 선제 조건으로 알아야 하기 때문이다. 선제 조건을 배제하면 메이저와 코트는 이해하기 난해한 응용된 형태의 이론으로만 보이기 때문이다. 따라서 이 책에서는 메이저와 코트가 아닌 스몰 카드 안에 들어있는 4원소와 수비학에 대한 기초적인 부분을 다루면서 타로에서 사용되는 4원소와 수비학의 개념을 정리하려 한다.

2019. 2. 2 장재웅

CONTENTS

1부

서론

MONAD
KETHER

수비학과 4원소는 타로의 매우 기초적인 이론이다. 히브리 신학인 카발라 또한 기본 토대는 수비학과 4원소이다. 철학[1], 생명과학[2], 화학[3], 수사학[4], 인문학[5], 정치[6], 경제[7] 등의 대부분 학문의 틀은 서양 철학자들에 의해 연구되고 발전되어 왔으며, 이 학문은 고대 철학자의 사상적 개념을 뿌리로 두고 있다.[8] 정확히는 그 개념을 전파한 인물들에게 뿌리가 있으며 이들의 사상을 중심으로 연구되고 있다.[9] 이들의 이론은 신비주의 철학에서 자주 인용되고 사용되어 왔고[10] 중세, 근대, 현대에 이르기까지 없어서는 안 될 중요한 요소가 되었다. 서론에서는 이 책에서 전반적으로 다룰 4원소와 수비학을 이해하는 방향성에 대해 개괄하고 추가로 4원소와 수비학의 한계성과 이를 보완하기 위한 기초개념인 카발라의 연계에 대한 논의를 살펴본다.

1) 손윤락, (2016). '아리스토텔레스의 학문 분류와 그 의의'. 서양 고대사연구, 제46집, p69~94
2) 송창호, (2015). '해부학 개념이 들어있는 아리스토텔레스의 철학'. 대한체질 인류학회지, 28권. 제3호, pp. 127~136
3) 오지곤, (1987). '연금술에서 근대화학으로'. 과학동아. 제15호, pp. 122~125
4) 한석환, (2005). '아리스토텔레스와 수사적 논증'. 한국수사학회 가을 학술대회. pp. 17~26
5) 이종문, (2010). '『노인과 바다』에 나타난 개인주의와 상호의존' 인문과학연구, 제25집, pp. 151~174
6) 최형익, (2000) '아리스토텔레스의 노동 – 사회철학과 정치이론'. 한국철학사상연구회. 시대와 철학, 11권 1호, pp. 213~237
7) 홍훈, (2006) '아리스토텔레스의 도덕적인 가계 경제와 마르크스의 자본주의 생산경제'. 서양 고전학연구 제26권, p39
8) 넬슨신, (2004). 'ANIMA(TODyad)와 철학자'. 새한철학회 가을 학술발표회. pp. 23~26
9) 수비학의 창시자 피타고라스는 코리즈미의 대수학을 근간으로 자신의 사상을 엮어 수비학을 만들었다고 본다. 테트락티스의 개념을 통해 삼각형의 원리를 찾는데 이바지했으며 이는 후에 기하학과 수학으로 정리됐다. 후대에는 데카르트가 해석기하학을 창시하게 되었다. 4원소는 자연철학의 권위자 아리스토텔레스에 의해 정리되었으며, 그는 후에 화학, 생명과학, 의학, 정치, 경제, 인문학 등 다방면에 많은 영향을 주었다.
10) 엄원식, (1998). '구약성서의 수비학(數秘學)에 관한 탐구', 복음과 실천, 제21집. pp. 11~19

핍 카드

타로는 총 78장으로 크게 세 종류의 틀을 가지고 있는데, 22장의 메이저 아르카나(Major arcana or Trump), 40장의 핍 카드(Small card), 16장의 코트 카드(Court card)이다.

핍 카드는 수비학과 4원소를 뚜렷하게 나타내고 있는 카드 묶음이다. 웨이트는 핍 카드에 포함된 4개의 슈트(Suit)를 완드(Wands), 컵(Cups), 소드(Swords), 펜타클(Pentacle)을 사용하였다. 각각에는 의지, 감정, 무기, 돈의 의미가 있는데[11] 이는 매우 전통적이며 올바른 접근이고 설명이다. 그러나 웨이트의 저서들의 특징은 대중적이라는 단점이 있다. 쉽게 전달하려 하다 보니 이 의미가 다소 가볍게 전달되고 의미가 불분명해지며 모호하게 제시되는 경우가 많다. 이 때문에 4원소와 수비학에 대한 신비주의적 인식이 현대에 이르러서 가볍게 다뤄지는 경향이 생긴 듯싶다.

---

11) Arthur Edward Waite, (1910), 'The Pictorial Key to the Tarot', Create space independent publishing.

핍 카드는 총 40장의 카드로 4개의 원소와 10개의 숫자의 조합으로 이루어져 있다. 40이라는 숫자는 만물의 안정을 나타내며 자연의 이치를 표현한다. 핍 카드도 해석을 진행할 때 자연적인 현상[12]을 확인하는 것을 우선시한다.

40이라는 숫자에는 특별한 의미들이 숨어있다.

4×10으로 초월한 자연을 의미하며 우리가 얕은 시야로 보고 있는 세상을 포괄적으로 전달하겠다는 의미를 지닌다.

2×20으로 자연의 생태계를 보여주고 있으며, 5×8로 자연의 구성물질 상호작용을 보여주기도 한다. 5×8의 경우는 동양에선 음양오행을 말하고 서양에선 5×(7+1)로 7행성의 상호작용과 성향을 말해주기도 한다.

7+1이라는 수식은 의외로 신비주의 철학에서 많이 사용된다. 특히 메이저 아르카나의 구조를 삼각형 7개로 나누어 세피로트에 매치한 뒤 그것을 기본원형으로 하는 이론에 사용되는 것이 대표적이다.[13]

이처럼 핍 카드뿐만 아니라 다른 구조인 메이저 아르카나에서도 철저하게 수비학 개념이 들어가 있다. 수비학을 인용하여 타로의 여러 개념들을 논증할 수 있다.

---

12) 인간의 관점에서 눈으로 보고 느낄 수 있는 수준의 현상들을 나타낸다.
13) '헤르메티스의 트라이어드' 또는 'Law'로 불리는 히브리어 알파벳의 구조와 그에 맞는 숫자 배열을 카발라로 설명한 이론이다. 이 내용은 메이저 아르카나에 해당하는 이론이기에 이 책에서 다루진 않는다.

2부

4원소와 4문자

DYAD

HOKMAH

타로를 공부하면서 어쩔 수 없이 부딪치는 학문이 바로 '철학'인데, 타로라는 '도구'를 공부한다는 건 철학자가 자신이 이해한 자연의 이치를 공감하고 이해하려는 행위와 같다. 비전문가 입장에서 철학이라는 학문은 다소 애매모호한 뜬구름 잡는 학문으로 인식된다. 철학은 인간이 특별한 현상이나 상황을 인지하고 생각하며 해결하기 위해 하는, 여러 가지 행동 방식과 생각 방식 그리고 활용하기 위한 기본적인 제안을 논리적으로 풀어가는 과정을 일컫는 학문이다. 사실 우리가 알고 있는 모든 '공부'의 범주에 있는 것은 전부 철학의 갈래이다.

철학을 크게 자연철학과 종교철학으로 나눌 수 있을 것이다. 자연철학은 자연에서 일어나는 눈으로 보고 이해하고 이해할 수 있는 범위 안에서 고찰할 수 있는 모든 상황에 대한 논리를 말한다. 종교철학은 눈으로 보지 못하는 '신'이라는 특정 개체의 성향과 그 존재에 대한 이해를 위한 고찰을 집중하는 학문이다.

이 두 가지 철학을 나눈 이유는 타로를 접하고 공부하면서 고찰한 결과 현실에 주안점을 둔 자연철학과 비현실에 주안점을 둔 종교철학을 모두 설명할 수 있는 도구라고 판단했기 때문이다.

타로에 대해 쉽게 전달하기 위해 복잡한 철학사를 간단하게 두 가지로 나누었고 플라톤과 아리스토텔레스 사상을 통해 이해해보려 한다.

아리스토텔레스와 플라톤

아리스토텔레스는 고대 그리스 철학자로서 플라톤의 제자이고 알렉산더 대왕의 스승이었다. 그는 자연계의 모든 물질의 '공통문제(Common Matter)'를 찾아 나가는 작업의 산물이라고 제시한다.[1] 그는 실제 눈으로 보이는 물체를 우선시하였으며 그 물체의 속성과 행동 원리를 알게 되면 '자신' 또는 '인간'의 원리를 알 수 있다고 믿었다.

그의 논리 대부분은 '인간의 뇌로 인지할 수 있는 범위 안에서의 현상이 진리이다.'를 기본으로 한다. 즉, 인간이 이해할 수 있는 범위 안의 것을 논리로 지정하고 그 밖을 벗어난 범주는 오류의 가능성이 있을 것이라는 논리가 그의 모든 철학적 논증을 대변한다.

그는 자연철학의 대표적인 철학자였고 현대까지 제일 철학자라는 칭호를 가지고 있다. 재미있게도 타로와 관련된 책들에서 아리스토텔레스의

---

1) Edward hussey, (1983), 'ARISTOTLE PHYSICS - BOOK Ⅲ AND BOOK Ⅳ', Fellow of All Souls College Oxford.

언급이 손가락으로 꼽을 정도로 눈에 보이지 않는다는 것이다.

아리스토텔레스의 논리를 일반적으로 '일원론'이라고 부른다.[2] 일원론이란 간단하게 인간이 인지할 수 없는 세계는 존재하지 않으며, 인지할 수 있는 모든 것은 이상적 현실과 동일시 될 수 있다는 이론이다. 즉, 논리적으로 풀 수 없는 문제는 논리가 아니라는, 현실주의적 성향이 있는 이론이다.

사실 이 때문에 타로의 구조에 대한 설명을 논하는 타로 서적에는 아리스토텔레스의 이론이 들어갈 틈이 없다. 만약 타로의 구조를 우리가 만들 수만 있다면 어떤 철학이 중요하든 안 하든 상관없을 것이다. 종이에 그림이 그려지고 이를 78장으로 표현하려고 했던 시점부터 일원론이 아닌 이원론 개념을 구조화하려 했음을 알 수 있다.[3] 따라서 타로의 배경철학은 일원론 중심의 자연철학이라기보다 이원론의 종교철학의 범주에 속한다고 봐야 한다.

이원론의 시작은 아리스토텔레스의 스승인 플라톤으로 알려져 있다. 그는 세계를, 우리가 알고 있는 물질세계와 이상적인 세계인 '이데아'로 이분화하였다. 물질세계는 이데아의 모방세계이며 모든 인간은 초월 된 세계인 이데아로 가게 될 것이라 말했다.

이원론의 원리는 '대립한 두 가지 실체 각각의 원리를 이해하고 이를 동시에 이해했을 때 하나의 답이 나온다.'라는 이론이다. 쉽게 말하면 '영혼과 육체가 있으면 사람이다.'라는 논리가 기본적인 이원론이다. 일원

---

2) 일원론이라는 단어는 18세기 독일 철학가 크리스티안 볼프에 의해 처음 사용됐다. 이 단어는 아리스토텔레스의 사상일 가장 잘 대변하고 있는 단어로 알려져 있다.
3) 타로는 신학을 공부하고 깨닫기 위한 고찰용 구조로 시작되었음을 말한다. 78장의 카드 한 장 한 장은 물질세계(앗시아)에 사는 인간이 천상계(브리아)에 도달하고 신(아칠루트)이 존재하는 영역에 도달하기 위한 지침으로 제시되고 있는 구조이다. 즉, 인간이 사는 이 물질세계와 또 다른 세계가 있다는 것을 기본으로 하는 이원론적인 성향이 있게 된다.

론과 이원론 사이에서 많은 철학자의 대립이 있었지만 서로 무작정 배척한 것만은 아니다. 이 책을 읽고 자칫 '일원론과 이원론은 서로 다르다.'라고 이해하면 위험하다. 단지 타로 안에 있는 논리를 끌어내기 위한 간단한 분류법일 뿐 이를 오해하면 안 된다.

타로의 구조는 인간이 이해할 수 없는 범위 밖에 있는 것을 논리로 생각하는 플라톤의 사상이 적절해서 이와 다른 아리스토텔레스의 이론을 적용하는 것을 작가들이 부담스러워하는 듯 보인다.[4] 이는 이원론적인 타로의 구조를 신봉하고 있기 때문이지 않을까 생각한다. 일원론적 사고방식을 가진 사람들과 이원론적인 사고방식을 가진 사람들은 아주 쉽게 부딪친다. 타로에서 이원론을 신봉하는 이유는 이런 논쟁과 쟁점이 소모적으로 흐르는 것을 피하고자 했기 때문이 아닐까 싶다.

---

4) 대부분의 신비주의 작가들은 플라톤의 이원론을 따라가며 독자에게 요구한다. 따라서 인간이 전혀 알 수 없다고 단정 짓는 이데아를 현실 세계로 끌어오는 아리스토텔레스의 일원론을 지지하기 어렵게 된다.

아리스토텔레스와 플라톤의 사상과 타로의 접목

타로 관련 서적을 조금만 읽어보면 플라톤의 4원소를 매우 쉽게 접할 수 있다. 많은 타로 작가들이 플라톤의 4원소를 통해 타로를 이해하고 있기 때문이다. 그런데 플라톤의 4원소만으로 타로를 해석하면 시야가 좁아짐을 느낀다. 타로는 아리스토텔레스의 일원론만으로도 플라톤의 이원론만으로도 이해하기엔 모순점이 많다.

타로에서 일원론으로 이해해야 하는 부분은 '해석'이다. 우리는 내담자의 현실, 물질세계의 상황을 반영하지 않으면 안 되고 현실적인 상황을 '신'이 결정해준 듯한 해석 방향 또한 버릴 수 없다.[5] 타로의 이해는 플라톤의 이원론으로 이해하는 것이 옳다. 그러나 이를 현실에 반영하고 해석하기 위해선 일원론의 사고방식이 필요하며 이 둘 사이에서 발생하

---

5) 현실만을 반영한 해석은 논리로 입증하기 어려운 '점술'의 개념을 모호하게 만들 수밖에 없다. 따라서 현실주의적 해석 방향은 '신' 또는 '운명'을 결정짓는 무엇인가 특별한 것을 확실히 해두기 어려우므로 결과적으로 모순점이 생겨날 수밖에 없다. 반대로 비현실만을 반영한 해석은 내용 자체가 추상적으로 변질되고 신뢰도가 떨어지며 공감할 수 없는 해석 패턴만을 고집할 수가 있다. 그러므로 현실을 반영한 해석을 중심으로 하되 그것을 증명할 방법으로 비현실적 철학 체계를 이용해야 한다.

는 변수를 억제하기 위해 타로티스트(Tarotist, 타로상담가) 개인의 경험과 지식이 들어가야 한다.

이렇게 타로의 이해(플라톤의 이원론), 타로의 해석(아리스토텔레스의 일원론)과, 타로의 이해와 해석을 통한 내담자에게 전달하는 타로티스트 자신의 개념, 이렇게 3가지의 개념이 어우러져야 비로소 타로 해석이 만들어진다.

위의 주장을 토대로 4원소의 개념을 고찰하면 플라톤의 4원소는 인간의 내면 및 현실세계에서 알 수 없는 반대편 세계를 알 수 있는 요소가 될 수 있다. 반면 아리스토텔레스의 4원소는 실제 현실세계에서 나타나는 현상들을 대변한다. 그 때문에 아리스토텔레스의 4원소와 플라톤의 4원소는 서로 상호관계를 맺는다. 이 두 개념을 이어주는 '타로티스트' 또는 '내담자'로 말미암아 이들 간의 에너지 발생의 차이가 생긴다.

그렇다면 그에 따른 변화를 정리해보자. 쉽게 이야기하면 인간이 인지하고 생각하며 고찰할 수 있는 세상의 모든 것을 원소로 치환한다면 아리스토텔레스의 4원소의 개념이 이해가 된다. 그러나 '타로'라는 도구는 우리가 존재하는 물질세계를 벗어난 다른 계층과 연결하는 기능이 있다고 보며, 이렇게 나타난 타로의 표상은 '이계(異界)'에서 인지되며 생각되고 고찰되게 된다. 이를 원소로 치환하면 플라톤의 4원소가 된다.

타로를 해석한다는 것은 물질세계에 존재하는 타로티스트가 물질세계 이외의 계열에서 보여주는 에너지를 물질세계의 원소와 대조하여 읽어 내는 원리를 기본으로 가지게 된다.[6] 따라서 타로에서의 4원소는 아리

---

6) 우선 우리가 타로라는 도구를 사용하지 않고 누군가의 고민을 듣고 이야기해 준다면 아리스토텔레스의 일원론에 해당한다. 쉽게 말하면 타로라는 점술 도구가 없어도 경험을 통한 상담이 가능한 원리가 일원론이고 실제 타로를 해석하는 과정에서는 이런 일원론이 기본이 된다. 그러나 타로라는 도구에 의의를 두고 신비주의 철학을 이해하게 되면 이원론을 접하게 된다. 즉, 마치 '신이 있나? 천사가 있나?'와 같은 논리적으로 설명할 수 없는 이상적인 또 다른 세계가 있을 것이라는 느낌을 받게 된다. 따라서 타로를 이해하는 것은 이원론으로 이해해야 하며 실제 실천하

스토텔레스의 사상을 표면적으로 가지고 있으며 내부적으로는 플라톤의 사상을 가진 실천적 도구임을 알 수 있다.

비현실주의적 성향이 있는 플라톤의 사상은 타로에서 이론에 해당하고 현실주의적 성향이 있는 아리스토텔레스의 사상은 타로에서 실천적 행동 양식에 해당한다. 이런 형태는 타로 안에 있는 4원소를 이해할 때 매우 중요한 의미를 지닌다. 타로 안에 있는 4원소는 플라톤이 말하는 4가지의 원소 형태를 의미한다. 그러나 우리가 이해하고 인지하며 실제로 타로 밖에서 내담자에게 일어나는 현상은 아리스토텔레스의 4원소의 형태를 가진다. 이런 괴리는 점술의 오류를 가져오게 된다.

가령 A라는 사람이 연애가 안 된다는 고민을 하고 있을 때 타로에서 불에 해당하는 완드가 나왔다고 하자.

이 불의 형태는 플라톤의 불이다. 완드를 불로 이해한 타로티스트는 이 불을 가지고 연애에 대한 상담을 시작할 것이다. 그러나 실제로 내담자에게 보이려고 했던 건 불이 아니라 불과 상호작용하는 아리스토텔레스의 4원소를 보여주려고 했을 것이다. 다시 언급하겠지만 플라톤의 불은 아리스토텔레스의 땅과 작용한다. 따라서 '연애가 안 된다'에서의 불은 A라는 사람이 단순히 급하게 스스로 다그치는 것만이 아니라 A라는 사람에 대한 주변 사람들의 시선이나 외압을 나타내는 땅이 A를 억누르고 있으므로 나타난 불이 되는 것이다.

는 행위나 뇌의 사용은 일원론으로 해야 한다.

핍 카드의 4원소

타로 안에서 가장 4원소의 모습을 명확하게 보여주는 구간은 핍 카드일 것이다. 앞서 말한 바와 같이 핍 카드의 4원소는 일반적으로 다음과 같이 표기된다.

막대, 홀	: 완드(Wand), Scepter, Baton, Staff
컵, 성배	: 컵(Cup), Chalice, Goblet
칼	: 소드(Sword), De'gen, Dagger
별모양, 동전, 원반	: 펜타클(Pentacle), Coin, Disk

각각의 단어가 사용된 이유와 의미는 작가들의 개인적 사상과 의도가 있으며 논란과 논쟁이 매우 많았다고 알려져 있다. 현대에 우리는 타로의 현대화를 이룬 '골든 던'의 창시자 중 한 명인 매더스(Mathers)의 이론을 따라 완드(Wands), 컵(Cups), 소드(Swords), 펜타클(Pentacles)의 표

기가 일반적이며, 각각의 속성 또한 불, 물, 공기, 흙으로 알고 있을 것이다. 주의할 점은 타로 연구자가 매더스만 있는 것이 아니며, 현재까지 알려진 유명한 작가들의 원소 조합과 표기 방법이 다르므로 자신이 소유한 타로를 만든 타로작가가 어떤 선구자의 개념을 따르는지 반드시 확인하여 공부할 필요가 있다.[7]

골든 던 창시 이전 레비와 어깨를 나란히 했던 보헤미안의 개념을 설파한 프랑스 타로티스트인 파푸스(Papus)는 4원소를 명확하게 테트라그람마톤(Tetragrammaton, Yod, Heh, Vav, final Heh)으로 제시하고 있으며, 완드, 컵, 소드, 펜타클을 카발라의 4문자로 나누어 표현하고 있다.[8] 이는 골든 던에서 또한 마찬가지이다.[9]

웨이트는 대표적인 본인의 저서 『픽토리얼 키(Pictorial key)』에서는 카발라에 대한 언급이 드물었다. 타로의 대중화를 위해 기본적인 기준만 잡아주었을 뿐 자세한 설명은 없다. 그러나 후에 그가 1926년에 발표한 논문에서 자신이 가진 타로에 사용된 이론과 개념을 언급하게 되는데 그 논문에서는 4원소에 카발라를 인용했다고 밝혔다.[10]

크로울리는 핍 카드의 4원소 중 '불'의 원소를 설명할 때 세피로트에서의 10번째 세피라로 설명한 바 있다. 이때 그가 언급한 내용은 "10번째 세피라로 불의 원소가 도달했을 때 이 불의 영향력은 억제된다. 이는 불의 원소가 죽는 것이 아니라 영향력이 약해지는 것이다."[11]

---

7) 4원소가 타로의 기본이론이 되기 어려운 부분을 어느 정도 증명하는 부분이다. 매더스는 각각의 원소를 불, 물, 공기, 흙으로 분류했지만, 보헤미안의 이론을 제창한 파푸스는 불, 물, 땅, 공기로 분류했으며 에틸라는 땅, 물, 공기, 불로 분류했다. 이처럼 각 선구자의 이론과 개념이 미묘하게 다르므로 이에 주의하여 공부할 필요가 있다. 이처럼 4문자를 사상가들이 각기 이해하는 정도와 방향이 다르고 그것을 표현하기 위한 4원소의 매치 또한 다를 수밖에 없게 된다.
8) PAPUS, A. P. MortonLondon, (1892), 'The tarot of the bohemians', Chapman and Hall, Ltd. p231
9) Israel Regardie, Cris Monnastre, (1986), 'The golden dawn', Llewllyn, p67
10) A.E Waite, (1926), 'The great symbols of the tarot', The occult review p11-19
11) Aleister Crowley, (1944), 'THE BOOK OF THOTH' Samuel Weiser, Inc. p35

이 내용은 세피로트 안의 '프랙털' 개념을 응용한 원소별 세피로트를 언급하는 것으로 고찰했다. 불의 원소가 종착지인 10번째 세피라 '말쿠트'에 도달했을 때, 그다음의 원소인 '물'의 원소가 발생하기 시작하게 되므로, 불의 에너지가 약해진다는 것을 표현한 것으로 보인다.

18세기 후반부터 19세기 중반까지 대표적인 타로작가의 저서들을 살펴본 결과 카발라에 따른 4원소 표현이 핍 카드의 4슈트가 되었음을 알 수 있다.

여기서 제기된 의문은 카발라와 4원소는 무슨 관계가 있을까?

우선 카발라의 시작은 '세페르 예트지라(Sefer Yetsirah, 형성의 책)'라는 문서로부터 시작된다. 이 문서는 익명의 유대인이 작성한 것으로 알려졌지만 아브라함이 작성했다는 설도 있고, 히브리인들이 작성했다는 설도 있다.[12]

중요한 것은 이 문서의 내용이 피타고라스와 플라톤의 철학을 인용한 문서이며, 현재의 카발라를 만들었다는 점이다.[13] 그리고 이 카발라는 타로의 기본 사상이 되고 있다는 것이고, 따라서 플라톤의 4원소와 타로의 4슈트의 관계에 카발라가 전혀 별개의 문제가 아닐 것이다.

---

12) 찰스 폰스, 조하선역, (2000), '카발라' 물병자리, p37; 이 책에서 세페르 예트지라에 대한 설명이 되어있다. '글러엘무스 포스텔무스'에 의해 1552년 출판이라 서술되어있지만, 이 출판연도는 문서화 하여 시판한 시기이며 실제 연대는 3세기이다. 이 또한 같은 페이지에 기술되어있다.

13) Don Karr, (1991), 'Notes on Editions of Sefer Yetsirah in English'

4원소, 4문자, 4계열

핍 카드에서의 4원소는 기본적으로 플라톤의 시점에서 이해해야 한다. 기본적으로 4원소는 카발라에서 나온 '4문자', '4계열'이라는 2가지 콘텐츠를 종합적으로 이해해야 비로소 타로에서의 활용 가능성을 확인할 수 있다. 그러나 이건 타로의 이론을 이해하기 위함이고, 실제 타로를 사용할 때에는 상술한 바와 같이 플라톤 계열의 4원소와 아리스토텔레스의 4원소를 함께 적용해야 한다.

아리스토텔레스의 4원소론을 '4원소'라고 하고, 플라톤의 4원소를 카발라의 테트라그람마톤인 '4문자'라고 하여 이 두 가지에 대해 각각의 이론적 설명과 상호 간의 연계를 설명하려 한다.

4계열의 경우 핍 카드에서 설명하게 되면 조디악(Zodiac)과 수비학의 연계를 동시에 언급해야 하므로 이 책에서 4계열은 소개만 간단하게 할 것이다.

1. 4원소

4원소는 불, 물, 공기, 흙으로 구성되어 있다. 아리스토텔레스는 스승인 플라톤과 마찬가지로 엠페도클레스(Empedocles)의 4원소설을 그대로 인정하였다. 그러나 스승들과 다르게 이런 4원소를 설명하기 위한 방법론으로 '습함'과 '건조함', '차가움'과 '뜨거움'의 4가지의 성질을 제안했는데, 각각의 원소에는 그중 서로 상극이 아닌 두 가지씩의 성질이 있다고 생각했다.

물은 차고 습하지만, 불은 건조하고 뜨겁다. 공기는 습하고 뜨거우며, 흙은 건조하고 차다. 이것은 4원소가 가지고 있는 4가지 성질 가운데 하나만 바꿔 주면 다른 원소로 바뀔 수 있다는 것을 간접적으로 표현하며 중세 연금술사의 이론적 근거가 되었다.[14][15]

또한, 아리스토텔레스는 4원소 사이에는 그 무게에 따라 계급성이 있어서 무거운 원소는 아래로 향하고 가벼운 원소는 위로 향하게 된다고 생각하였다. 따라서 가장 가벼운 원소인 불은 가장 높은 곳을 차지할 것이고, 그 아래를 공기, 물, 흙이 차례로 자리 잡게 될 것이라 제안했고, 이것이 바로 4원소가 원래 차지하고 있어야 할 자리라고 생각하였다. 불의 원소 상위에 있는 우주에는 불보다도 가볍고 더욱 순수한 제5원소가 존재하고, 제5원소는 가장 완전한 원소라 제안하게 되었으며, 이에 따라 그리스의 원소설은 지상에는 4원소설이지만, 우주 전체로 따진다면 5원소 변환이 가능할 것이라고도 주장했다.

---

14) 양승훈. (1996). '물리학과 역사 – 역사적 교수법을 이용한 물리학 개념학습', 청문각
15) Fred Gettings. (1981). 'Dictionary of Occult, Hermetic and Alchemical Sigils', Viking Pr, First U.K. Edition edition.

핍 카드에서 4원소는 외부환경의 변화를 말한다. 아리스토텔레스가 논의하였던 4원소설은 물질세계[16]의 변화를 고찰하여 인간의 내면과 미지의 세계를 이해하려 했다.[17] 이런 시도는 물질세계라는 인간의 외부환경을 이해하려 했던 시도였다.

타로는 외부의 환경을 직접 조명 하는 도구가 아니므로 타로 내부에 해당하는 이론으로는 이를 유연하게 사용하기 난잡한 점이 있다. 따라서 4원소만을 이해한 뒤, 타로를 해석할 때 내담자가 제시한 질문과 외부의 환경, 물질세계의 변화만을 점검할 수 있다는 말이 된다. 이 방식을 해석으로 인용하기 위해서는 내담자의 질문이 외부 흐름에 초점이 맞춰져 있는지 내부에 맞춰져 있는지를 파악한 뒤 해석해야 한다.

내담자의 질문이 외부환경에 초점이 맞춰져 있다면 4원소의 흐름으로 읽은 뒤 그것을 감당하는 내담자의 심리변화 또는 내담자가 표적으로 하는 특정 인물의 심리변화를 귀납법으로 해석할 수 있다고 논의할 수 있다. 반대로 타로를 연역법으로 해석하게 되면 타로의 기본이론인 플라톤의 4문자로 직역할 수 있으므로 인간의 내부 상황을 해석하기에 쉽다는 말이 된다.

---

16) 인간의 눈으로 볼 수 있는 가시화된 세계
17) Edward hussey, (1983), 'ARISTOTLE PHYSICS — BOOK Ⅲ AND BOOK Ⅳ', Fellow of All Souls College Oxford, 203a 6-203a 15

2. 4문자

4원소는 조금만 관심 있으면 누구나 들어봤을 법한 이론이지만 4문자는 낯선 개념일 것이다. 앞서 말한 바와 같이 4원소만으로는 타로 시스템을 운용하기 어렵다. 사람은 무의식중 편한 길을 찾게 되고 그길로 간다. 타로에서 뚜렷하게 보이는 4원소를 안 찾아보고 공부 안 해볼 리 없다. 그러나 이 이론이 잘못된 영향을 끼칠 수 있다는 점을 뒤늦게 깨닫게 된다. 그리고 그제야 4문자의 필요성을 실감하게 된다. 4문자에 대한 이해를 위해 이 개념에 대한 역사적인 이야기를 하지 않을 수가 없다.

타로의 구조 안의 4문자는 타로의 전부라고 해도 무방할 정도로 근간이 되고 뼈대가 되는 매우 중요한 개념이다. 사실 타로와 카발라에 대한 배척심리가 아직 자리하고 있어서 국내에서는 선호하지 않지만, 해외 타로 권위자들은 타로의 뿌리가 카발라라는 것에 이견이 거의 없다. 권위자들의 의견이 모두 바르다고 할 수는 없을 것이나 그들의 주장에 대한 논리적 고증 없이 비판할 수는 없다.

개인적으로 가장 신뢰하는 타로 연구가인 로버트 왕(Robert Wang)은 그의 저서에서 타로는 카발라와 구조가 매우 흡사하다고 언급한다.[18] 언급과 동시에 '이 둘은 다른 방향에서 만들어졌을지도 모른다.'라고 주장하는데 그 이유를 타로라는 도구가 13세기 후반에 발명되었던 부분과 17세기 후반에 카발라의 접목이 시도되었던 점이라고 생각한다.

카발라는 기원전 300년부터 시작된다. 즉, 타로와 카발라의 발생 시차

---

18) Robert, Wang, (1982), Qabalistic Tarot, Columbia, Maryland: SAMUEL WEISER INC, p1

는 1600여 년 정도 차이가 난다고 볼 수 있다. 무의식중 타로라는 도구에 카발라와 같은 종교철학이 들어갔다는 점은 부인할 수 없다. 실제로 13세기 말 말쿠트 왕조에서 시작된 이 도구는 이집트 문명의 종교철학을 기반으로 하고 있을뿐더러 14세기 비스콘티를 비롯해 17세기 마르세이유까지 클래식으로 분류되는 타로는 여러 가지 종교철학의 구조를 기반으로 하고 있다. 타로의 근본은 카발라임을 주장 및 개념을 확립한 단체가 골든 던[19]이고 그 개념이 현대 타로의 시작이 되었다. 타로와 카발라의 최초 관계는 서로 다른 방향에서 시작되었을 수 있다. 그러나 타로가 카발라와 전혀 별개의 도구라고 주장을 하려고 한다면 그것은 17세기 이전의 타로만을 공부해야 올바른 공부 방법이 될 것이다.[20] 이런 내용을 토대로 생각할 때, 적어도 헤르메틱 카발라라는 종교철학을 사용하는 골든 던, 그리고 이곳에 소속되어 연구하던 19세기 신비주의 철학가들인 웨이트(A.E Waite), 크로울리(Aleister Crowley), 케이스(Paul Case) 적어도 이 3명이 연구하고 만들어 시판하는 타로와 이들의 클론 타로들을 공부할 때 카발라를 등한시하면 절대 안 될 것이다. 카발라에서 언급하는 4문자는 타로를 공부하면서 그 개념을 매우 중요하게 인지하고 있어야 할 것이다.

4문자란 쉽게 말하면 '신의 이름'이다. 이를 테트라그람마톤(Tetragrammaton)이라 부른다. 거창해 보이지만 어렵게 들어가지 않는다면 이 이론은 쉽게 이해할 수 있다.

---

19) 사실 골든 던이 만들어지기 200년 전부터 카발라가 타로의 기본이라는 사실을 모두 알고 있었으나 중요한 개념이 나오지 않았다. 물론 골든 던이 주장한 것이 무조건 맞을 수 없다. 이들이 중요하게 된 이유는 그 단체의 존재감과 학계의 인정도 있었지만, 무엇보다 신비주의 철학을 대중에게 보급하는 데 큰 일조를 한 단체였고 현대 타로를 이끌었기 때문이다.

20) 보통은 19세기에 만들어진 유니버셜 웨이트를 카발라와 전혀 상관없는 덱이라고 말하는 타로티스트들이 많다. 특히 한국은 정말 많다.

4문자는 '요드(Yod)', '헤(Heh)', '바브(Vav)', '헤(Heh)'라는 히브리어 알파벳 4개를 말한다. 이들을 쉽게 말하면 인간 심리의 대표적인 4가지를 말하는데 순서대로 의지, 감정, 이성, 인지를 말한다. 마치 4원소의 불, 물, 공기, 흙과 같은 맥락을 가진다. 4문자가 어려워 보이지만 깨닫고 나면 쉬운 개념이다. 단지 히브리어라든지 4문자라든지 이런 단어 자체를 처음 듣거나 어렵게 느껴지기 때문에 거부하는 것뿐이다.

예를 들어보자. 당신은 'C12H22O11'과 같은 화학식을 보면 바로 이것이 무엇인지 알 수 있을까? 만약 화학 전공자가 아니라면 이것을 보고 머리가 아플 것이고 거부감이 들것이다. 그런데 이를 화학식이 아닌 '설탕'이라고 한다면 바로 이해할 수 있을 것이다. 좀 더 타로에 맞게 예를 들면 '달레트[21]' 라고 하면 무슨 말인지 모르는 타로티스트들이 많다. 그러나 '여황제'라고 하면 금방 이해할 것이다. 이것과 마찬가지이다. 카발라라는 종교철학이 어려운 이유는 이것을 표현할 수 있는 최적의 단어와 설명 방식이 우리가 경험하지 못한 것들이기 때문이다. 그 자체의 철학은 어렵지 않다.

문제는 마치 화학식과 같은 카발라에 대한 이론을 고유명사나 단어로 설명할 방법이 없다. 그래서 골든 던은 타로라는 구조에 카발라를 넣어 78장의 이미지와 개념을 통해 카발라를 연구하고 소통했던 것 같고 일반 대중들도 카발라를 이해하고 소통하기 쉽게 만들려고 노력했으며, 그로 인해 만들어진 현재의 타로들이 존재하고 있는 것이 아닐까 생각한다.

---

21) 히브리어 4번째 알파벳을 '달레트'라고 부른다. 철학자의 카발라에 따라 때론 3번째 알파벳인 '기멜'이 될 수도 있다.

3. 4계열

4계열은 4세계라고도 부르며 해외 원서에서는 '4Rank' 또는 '4World'라고 표기한다. 4계열은 4문자와 같이 카발라에서 매우 중요한 개념이다. 이 책에서는 4계열에 대해서 어떻게 타로에 적용되는지와 간단한 정의 및 개념만 소개할 것이다.

'레고'라는 블록 게임을 누구나 알 것이다. 작은 블록들을 조합해 콘셉트에 맞는 하나의 형상을 만들어내는 놀이이다. 4문자와 4계열을 이 '레고'라는 놀이에 적용하여 예를 들어보자.

하나하나 작은 블록들이 4문자에 해당한다. 그리고 이 4문자가 여러 방향에서 수많이 조합되어 하나의 완성품을 만들어낼 것이다. 4문자는 카발라에서 모든 자연적 이치의 기본 요소를 표현한다. 이렇게 만들어진 '레고' 완성품이 만약 모형 인형 판매점에서 판매한다고 할 때, 백화점 모형인형 판매점, 로드 매장, 온라인 매장, 특별 이벤트 매장 등등 다양한 매장에서 판매될 것이다. 이런 각각의 매장들이 4계열이다.

카발라의 특별한 점은 개념공유와 프랙털 이론이다.

개념공유란 다른 크기와 방향을 가진 개념을 동일하게 취급할 수 있다는 뜻이다. 4문자와 4계열을 인지되는 크기로 비교하면, 상황과 이론에 따라 4문자가 더 커질 수 있고 4계열이 커질 수도 있다. 또는 같다고도 볼 수 있다. 이런 유연한 철학 때문에 카발라는 어려울 수 있다.

프랙털 이론이란 자기 유사성을 가진 도형을 연구하는 기하학 이론인데, 쉽게 말하면 원하는 형상의 크기에 상관없이 그 도형의 원형이 같다면 이들은 서로 같다고 보는 이론이다. 가령 우주는 '둥글게 생겼다.'라고 가정한다면 지구도 '둥글게 생겼기 때문에' 우주와 지구가 동일시 되고 더 나아가 지구에서 일어날 법한 일이 우주에서도 일어날 법한 일로 여긴다는 개념이다. 카발라에서 이 이론은 도형의 형태를 동일시하지 않아도 개념이 같다면 같다고 본다. 쉽게 생각하면 인간사회의 경제구조와 신체 내 세포의 생리학적 기전이 흡사한 부분이 많은 것처럼 그 기하학적 형태는 달라도 일반론에 입각한 생명 활동 및 감정 변화는 어떤 형태이든 같다는 이론을 가진다.

이런 이야기를 하는 이유는 4계열과 4문자를 혹여나 크기로 분류할 오류를 범할 수 있기 때문이다. 4계열과 4문자의 구분은 사실 타로를 하는 사람들이라면 쉽게 구분할 수 있다. 바로 핍 카드와 코트 카드의 차이를 생각해보면 된다. 4문자는 핍 카드를 구조화한다. 4계열은 코트 카드를 구조화한다. 유의해서 보아야 할 점은 4계열과 4문자는 앞서 말한 바와 같이 개념을 공유한다. 그리고 그 형태는 다르지만, 프랙털에 의해 서로에게 속해질 수도 있다.

앞서서 아리스토텔레스의 4원소 설명에서 언급했듯 사람들은 4원소가 좀 더 친근하고 공감할 수 있기에 이를 코트 카드에서도 사용하고 오류를 범하게 된다. 코트 카드는 4원소와 4원소가 합해져 만들어졌다고 타로티스트들은 알고 있다. 그리고 이것을 이해하기 위한 공부를 한다.

이런 공부방식의 문제는 '컵+킹'에서 두드러지게 나타나는데 컵+킹은 4원소+4원소로 할 때 (물+불)의 순서와 형식을 가진다. 이 조합은 자칫 '따뜻해진 감정'으로 오해될 수 있다. 그러나 실제 컵+킹은 따뜻한 감정을 가진 인물이 아니다.

컵+킹을 4원소+4원소가 아닌 4문자+4계열로 풀게 되면 불의 의미가 있는 킹은 4계열의 아칠루트[22]이다. 이를 다시 풀어보면 'Water, Heh'의 아칠루트이다. 기초적인 컵+킹의 주조는 '경험이 없어 감정제어가 어려운 자존심 강한 어린아이'이다. 이 아이는 자신의 이런 성향을 고스란히 외부로 보여주고 자라고 '세계'[23]로 다듬어지지 않은 이 성향에 대한 비판을 반드시 받게 된다. 생각해보자 자신이 감정제어가 안 된다는 이유로 비판을 계속 받는다고 가정할 때 '낙인효과(Stigma Effect)'[24]에 의해 인간은 반드시 자신의 성향을 뒤로 감추게 된다. 그리고 은연중 나오는 자신의 성향을 부드럽게 풀기 위해 '교육'과 '이성'을 통해 자신을 다듬고 나타나는 형태가 '따뜻한 사람'으로 '보이는' 것이다.[25]

4계열의 타로 접목 방식은 수도 없이 많다. 주로 코트 카드에서 많이 접목되고 있고 아마도 코트 카드에 관한 책을 집필할 때 4계열을 중심으로 집필하게 될 것이다.

---

22) Aziluth 가장 상위에 있는 계열이며 4문자의 요드에 해당한다. 2번째 세피라인 호크마에서 파생된 계열이라고 알려져 있다.

23) 메이저 아르카나의 21. 세계

24) 다른 사람에게 무시당하고 부정당할 때 스스로 그 부정에 낙인을 찍어 부정적인 형태로 변해가는 현상

25) King에 대해서 기초적인 카발라로 접근하였을 때 기본형태는 Shin+Heh로 풀어낼 수 있다. 이런 이해방식은 타로에 대해 입문할 때는 매우 어렵게 느껴질 수 있다. 그나마 대중적이고 포괄적인 의미로써 아칠루트와 Heh를 결합하여 풀어냈고 이 방법에 대해 오해하지 않기를 바란다.

아리스토텔레스의 4원소론

4문자와 4원소를 쉽게 이해하기 위해선 단 한 가지의 단어의 개념만 알면 된다. 그 단어는 바로 '온도(Temperance)'다.

4원소를 이해하기 위한 온도의 개념은 그 물질을 인간이 접했을 때 느끼는 특별한 온도 점을 이해하면 좀 더 쉽게 접근할 수 있다.

1. 불 Fire

불은 어떤 물질을 '태우는' 데 존재 의의가 있다. 태운다는 의미는 특정 물질을 '불'이 간섭해서 없애는 행위이다. 불은 주변의 온도를 급격하게 올리는 현상 변화를 유도한다. 온도가 올라간다는 것을 '뜨겁다'라고 표현한다. 따라서 불의 기질은 뜨겁다.

불은 뜨거움만 존재한다. 불의 존재가 없어지는 그 순간까지도 뜨겁고 없어지고 나서도 한참 동안 뜨거움이 남아있다. 그래서 불은 에너지를 독단적으로 쏟아부어 자신의 주변의 '온도'를 자신의 것과 같이 만들려는 성질이 있다. 이런 독단적 성질은 자신뿐만 아니라 주변의 것들도 자신과 같이 건조하게 만든다.

4원소에서의 불은 '뜨겁고 건조함'이다.

2. 물 Water

물은 어떤 물질 온도를 '공유' 하는 성질이 있다. 불 때문에 뜨거워진 물건은 물에 담가두면 물건 온도가 자연스럽게 물에 흘러 들어가게 된다. 그렇지만 물이 온도를 강탈하진 않는다. 자신과 맞닿아 있는 물건 온도를 자신의 온도를 일정하게 평형을 이루게 하려 하는 성질을 가진다. 이는 중용, 중화, 조화의 개념을 지니게 된다. 불과 다르게 물은 온도를 높이려는 성질이 아닌 내리려는 성질을 가진다. 아주 높은 온도를 가진 물이어도 불과 같이 그 온도를 유지하거나 더욱 끌어올리는 것이 아닌 공기 중의 온도와 자신의 온도를 공유하며 점점 차갑게 식어가려는 변화적 성질을 가진다. 따라서 물은 차갑다.

불은 자신의 존재를 주변 물질의 희생을 통해 만들어지는 반면 물은 주변 물질에 희생함으로써 자신의 존재를 자각한다. 주변의 것을 거절하고 자신을 만들어가는 건조함과 달리 물은 주변의 것을 받아들여 자신을 만들어가는 축축함을 가진다.

4원소에서의 물은 '차갑고 축축함'이다.

3. 공기 Air

공기는 주변의 온도를 받아들이는 작업이 매우 빠르다. 불의 뜨거움은 주변의 것을 자신의 것으로 만들어서 온도를 높이는 방법으로 자신의 존재를 키우지만, 공기는 자신의 존재는 이미 널리 분포되어 있기 때문에 자신의 존재를 키울 필요가 없다. 대신 자신의 존재를 자각하기 위해서 다른 물질 온도를 빠르게 흡수하려는 성질을 가진다.

물은 온도를 공유하지만, 공기는 온도를 강탈한다. 뜨거운 물건에서는 뜨거운 온도를 강탈하고 차가운 물건에서도 뜨거운 온도를 강탈하여 더욱 차갑게 만든다. 그래서 공기는 뜨거운 기질을 가진다. 공기는 물과 같이 물건과 접촉하여 온도를 빼앗은 행위를 한다. 물은 축축하게 물건에 접촉하여 대상이 되는 물건 온도를 자신의 온도와 맞추지만, 공기는 아주 빠르게 스치듯 물건과 접촉하여 아주 빠르게 온도를 뺏어간다. 물의 축축함과 공기의 축축함의 차이는 속도이다. 이 공기를 도둑과 같이 무시무시한 존재로 여기는 곳이 있지만, 장난꾸러기 요정과 같이 자유분방한 존재로 여기는 곳도 있다. 이처럼 공기는 아주 빠른 속도이지만 너무 많은 양이 물질세계에 존재하기 때문에 항상 접촉해 있는 듯한 착각을 하게 만들어 축축함의 기질로 표현한다.

4원소에서의 공기는 '뜨겁고 축축함'이다.

4. 땅 earth

땅은 주변의 온도를 받아들이는 작업이 매우 느리다. 그뿐만 아니라 온도를 주는 작업도 매우 느리다. 더군다나 스스로 온도를 올리려는 성질이 아닌 스스로 온도를 내리려는 성질을 가진다. 물의 차가움과는 차별화된 매우 차가움의 성질을 가진다. 땅의 성질은 온도를 주고받는 부분에서는 느리지만 그만큼 굉장히 안정적이다. 빠른 변화에 적응하진 못하지만 그만큼 자신도 변화하지 않기 때문에 누구나 안아줄 수 있는 포용력을 가진다. 다만 그 포용력은 땅이 주는 것이 아닌 다른 원소들이 각자 자신의 의지대로 땅에 안착하는 것이고 그것에 대해 거부 의사를 하기까지 시간이 너무 오래 걸리기 때문에 포용력을 가지는 것처럼 느껴지는 것이다.

땅은 자신이 타격을 입어도 크게 충격이 없다. 너무 커서 변화가 있어도 없는 것처럼 느껴지기도 한다. 땅 자신은 자신 이외의 것들을 멀리서 조용히 지켜본다. 소통도 없이 지켜만 본다. 자신 이외의 것은 거절하고 격리하는 모습을 취하는데 그 모습이 마치 자신감 넘쳐 보이기도 하고 오만해 보이기도 하지만 그렇게 격리하는 이유는 자신이 그 빠른 사태에 적응하기 어렵고 굳이 적응할 필요도 없다고 생각하기 때문에 격리된 것일지도 모른다. 그래서 땅은 건조한 성질을 가진다. 이 건조함은 불의 건조함과 다르다. 불의 건조함은 불이 다른 것을 건조하게 만든 것이고 땅의 건조함은 땅이 스스로 건조하게 되는 것이다.

4원소에서의 땅은 '차갑고 건조함'이다.

4원소 상징 기호

아리스토텔레스에 의해 엠페도클레스의 4원소가 4기질로 설명되면서 발전되었다. 이런 철학은 고대 연금술사에게 많은 영향을 미쳤고 그들의 연구와 소통을 위해 각 원소를 기표로 표현했다.

불은 정삼각형으로 표기한다. 불은 뜨겁고 건조한 특정이 강하기 때문에 위쪽으로 상승하려는 에너지 흐름을 보여준다. 휘발성을 가진 이런 원소의 형태를 표현하기 위해 위쪽에 꼭짓점이 있는 정삼각형을 기호로 사용했다.

불의 원소 상징 기호

물은 역삼각형으로 표기한다. 물은 무게를 가지며, 하강하려는 기질을 보여준다. 성질상 응축을 우선하며 개체 또는 물체와 접촉하려는 성질을 가지고 있다. 아래로 향하려는 에너지 형태 때문에 꼭짓점이 아래로

되어있는 삼각형을 기호로 표기한다.

불과 물은 고대에 매우 중요하고 순수한 기본
원소로 여겨졌다. 기본 원소인 불과 물에 간섭하
거나 조절하며 발생한 제2의 원소로 간주하는
공기와 흙은 이 두 가지 원소에 직간접적으로 작

물의 원소 상징 기호

용하거나 변질되어 만들어진 원소로 여겨졌다. 그래서 불과 물의 기호
의 원형에 각 원소의 간섭하는 요인을 표현하여 기호로써 표기했다.

공기의 경우 위로 올라가려는 에너지 흐름을 가
지지만 불과 같이 무한으로 올라가지는 않는
다.[26] 그래서 불의 상징인 정삼각형 중간에 선을
넣어 불의 에너지 흐름을 차단하는 원소로써 표
현했다.

공기의 원소 상징 기호

땅의 원소 상징 기호

땅의 경우 물질세계를 받쳐주고 있는 원소이기
때문에 '아래'에 있다. 즉, 하강하고 있는 원소
이다. 그러나 공기와 같이 이 또한 아래에 '머물
고' 있는 원소이다. 물의 경우는 아래에 땅이 없
다면 무한정 떨어져 내릴 것이다. 따라서 물의
하강 에너지를 차단하는 원소라는 의미로 역삼

---

26) 불은 휘발시키는 역할을 하지만 공기는 휘발이 돼 나온 결과물임을 현대에는 알 수 있지만, 고대에는 공기는 머물
고 있고 불은 흩어진다고 여겼던 것 같다.

각형 중간에 선을 넣어 표시한다.[27]

이런 4원소의 기호는 타로를 공부하면서 정말 많이 접하게 된다. 적어도 이 기호들이 어떤 원소를 나타내는지 정도는 숙지해두는 것이 공부에 많은 도움을 줄 것으로 생각한다.

27) Dennis William Hauck, (2017), 'The Four Elements of Alchemy', WORLD-MYSTERIES

카발라의 4문자

4문자는 히브리 신학. 즉, 유대교에서 신을 일컫는 4개의 알파벳을 말한다. 이런 사상은 아리스토텔레스가 아닌 플라톤의 사상을 따라간다. 플라톤은 4원소가 현 세계와 다른 세계에서 각기 기하학적 형상을 가진 형태로 존재한다고 믿었으며, 그것을 표현하려 노력했다.

그 형태는 정사면체(Tetrahedron), 정육면체(Cube), 정팔면체(Octahedron), 정이십면체(Icosahedron), 정십이면체(Dodecahedron)로 표현하며, 각각 불, 땅, 공기, 물의 원소를 가지고 마지막 정십이면체는 제5원소라 불리는 에테르를 말한다.

플라톤은 정육면체를 제외한 나머지 원소들은 서로 같은 형태로 변화할 수 있다고 믿었다.[28] 아리스토텔레스가 말한 4원소의 개성에 따른 변화와 다른 이념을 가진다. 이 다각형의 기하학적 구조는 피타고라스의

---

28) 정육면체는 사각형으로 이루어져 있고 나머지 다각형은 모두 삼각형으로 이루어져 있다. 같은 삼각형으로 이루어져 있어서 부피의 차이는 있지만, 원소의 변화가 가능하다고 생각했다.

사상을 엠페도클레스의 4원소와 융합하여 만든 개념이다. 후에 이 이론은 히브리인들에 의해 히브리 신학인 카발라로 발전하고 근대 연금술로 유명한 장미십자회와 프리메이슨의 신조로 발전한다.

플라톤이 말한 이원론의 4원소와 아리스토텔레스의 일원론의 4원소는, 쉽게 생각하면 현실에 존재하는 자연을 기준으로 둘 것이냐 그렇지 않느냐로 나눌 수 있다. 더 쉽게 접근하면 인간을 기준으로 내면을 보느냐 외면을 보느냐로 차별성을 둘 수 있다. 이 두 철학자는 4라는 숫자로 세상의 모든 현상을 증명할 수가 있다고 여긴 듯하며, 4라는 숫자를 어떤 식으로 받아들였느냐에 따라서 두 사상이 다른 길을 걷게 된 것으로 생각된다.

플라톤의 4원소에 대한 이해 역시 '온도'의 개념을 사용하면 쉽다. 이 온도는 인간을 기준으로 외부에서 생기는 온도가 아니라 인간 내면에서 생기는 온도이다. 플라톤의 말을 빌리면 인간의 눈에 보이는 것 뒤에 가려져 있는 물질의 온도이며, 이는 작게는 인간의 내면, 크게 보면 신성한 영력[29]을 말한다.

---

29) 영혼이 가지는 에너지로 실체가 아닌 숨겨진 실체 인간 깊은 곳에 내재하여있는 영향력을 말한다.

1. 요드(Yod, 불 : 의지)

실재하는 불은 뜨겁다. 마찬가지로 인간의 내면에서의 불인 요드(Yod) 또한 뜨겁다. 요드는 손을 다루는 능력을 말하며, 이는 신이 어떤 형태를 창조해 낼 때 나타나는 에너지를 의미한다. 따라서 요드는 '창조하다', '만든다', '제작하다'라는 의미가 있다.

인간은 모든 행동과 사상을 결정, 실행하기에 앞서 자신의 생득적 반응(生得的 反應[30])을 반드시 거친 후 이행한다. 이 반응은 매우 빠르므로 인간이 인지하기 어려운 속도를 가진다. 마치 자동차의 엔진이 걸리며 열이 올라가기 시작하는 것과 비슷한 맥락이다. 자동차는 예열작용(豫熱作俑[31])을 통해 엔진에 가해지는 부담을 줄여준다. 이것과 마찬가지로 인간은 어떤 행동을 하기 전에 본능적으로 이 행동이 자신에게 옳은가, 그른가, 이익이 될 것인가, 해가 될 것인가 등을 직관으로 판단한다.

요드는 작은 단위로 보면 이와 같은 본능적 행동을 의미하고 조금 더 확장하면 사상과 행동 결정과 같이 '의식'의 단계로도 표현이 되며 큰 의미로 보면 창조 욕구를 말한다. 어떤 세계관[32]으로 보든 불(Fire)과 같이 온도가 올라가는 형태를 취하게 된다.

---

30) 경험이나 학습을 통해 얻는 반응이 아닌 반사적, 본능적 반응을 말한다.
31) 자동차의 시동을 걸어 미리 엔진에 열을 발생시키는 작용
32) 필자는 세계관을 크게 3가지로 나눈다. 작은 단위인 소우주, 중단 단위인 세계, 큰 단위인 대우주. 각각의 세계관에 따라 발생하는 표현 형태가 다르며 단위가 클수록 작은 단위의 세계를 포함하는 합집합 형태이며, 단위가 작을수록 그보다 큰 세계관의 부분집합 형태가 된다.

2. 헤(Heh, 물 : 감정)

실재하는 물의 성질은 조화이다. 공유하고 회복시키는 것을 목적으로 한다. 우리 인간의 내면에서 몸 안에 흐르는 피나 감정의 흐름을 물로 표현한다. 플라톤은 물이라는 원소는 인간의 감정을 표현하기 위해 나타난 실존적 형태로 여겼다.

물의 원소에 해당하는 헤(Heh)는 '어루만진다', '손으로 만지다'라는 의미가 있다. 접촉하는 것을 의미하며 이 접촉은 요드와 같은 독단적인 형태가 아니다. 요드는 혼자서 행동한다. 요드 본인의 의지가 중요하기 때문이다. 이 요드는 헤로 가면서 생각만으로 만들던 창조물을 만들고 싶다는 욕구로 끌어올리고 실행에 옮기는 것을 말한다. 요드에 의해 만들어진 반응은 헤를 통해 대상을 찾고 2차원적 성질로 변하게 된다.

실존하는 물이 온도를 조절시키는 작용을 한다면 인간 내면에서의 물인 헤는 온도를 '공유하고 싶어 하는 욕구'를 말하며, 대중적인 모습으로 비치고 싶어 하는 사람의 모습, 자신이 사람들에게 섞이고 싶다는 욕구 등 '너'라는 존재와 섞이려는 인간 내면에서 올라오는 욕구에 해당한다. 이 욕구는 도덕과 윤리로 발전되며 종국엔 '사랑'이라는 형태로 만들어지게 된다.

3. 바브(Vav, 공기 : 이성)

실재하는 공기는 자유롭다. 그러나 인간은 자유로운 동물이 아니다. 이유는 공기 원소는 물 원소에 제약을 안 받지만, 인간 내면의 공기 원소인 바브(Vav)는 물 원소 격인 헤(Heh)의 영향을 받기 때문이다. 그러나 행동에 제약을 받긴 하지만 진정한 행동의 결정권자는 헤가 아닌 바브에 있다. 헤가 주는 제약은 도덕과 윤리이다.

자연스럽게 잡힌 이성은 제한된 행동반경 내에서는 공기와 같이 빠르고 자유롭게 움직인다. 공기 원소는 자유를 의미하지만, 바브는 '움직이다', '이동하다', '연결하다', '실존하다'의 의미를 가지며, 인간의 내면에서는 '호기심'으로 나타나는 경우가 많다. 바브는 공기와 같이 빠르게 온도 공유를 한다. 이 공유는 인간이 오감을 통해 특정한 사물을 인지할 때 빠르게 그 사물과 자신을 공유하는 과정이며 이 모든 일련의 과정은 전부 바브와 같다.

4. 헤(Final Heh, 땅 : 현실, 기초)

땅 원소와 같이 인간의 내면에서의 땅 원소인 헤(Final Heh, 이하 f_Heh) 또한 거절과 격리의 에너지를 가진다. 차이가 있다면 땅 원소는 물질계에서 실제로 움직임이 적고 격리되어 있는 형태와 기질을 가지지만 4문자에서 헤(f_Heh)는 인간 내면의 땅 원소로써 자신의 사상을 '고정'시켜두는 것을 말한다. 편견으로 오해가 될 수 있을 정도로 고집스러워 보이지만 지극히 객관적인 현실주의를 말한다.

현실의 땅과 이데아에서의 땅은 매우 가까이에 있다. 거울과 같다. 반대편에 있지만, 반대편에 있지 않다. 거꾸로 되어 있지만, 거꾸로 되어있지 않다. 인간이 가장 자연과 일체가 쉽게 할 수 있는 형태는 이 헤에 도달했을 때이다. 어린아이의 형태와 같다. 어린아이는 있는 그대로의 상황과 현실을 받아들인다. 지성이 쌓여가며 인간은 실존 세계에서 멀어져간다.

온도 변화는 매우 느리다. 정말 땅의 원소와 같다. 지금 어떤 사물이나 현실을 보고 있다면 그것은 인간으로선 '당연한 사실'이다. 따라서 그 사실을 부정하기엔 너무 오랜 시간이 걸린다. 오히려 부정할 필요가 없다고 생각하는 회의주의적[33] 행동을 보여주기도 한다.

---

33) 객관적 사실 이외에 믿지 않는 극단적인 현실주의

5. 4문자의 형태 변화

4문자는 위에서 아래로 또는 아래에서 위로도 읽을 수 있다. 그러나 그 관계성에서 땅에 속하는 헤는 움직이지 않는다.[34] 4문자는 4원소와 달리 순서대로 연결되어있으며 그 순서에 따른 이해는 '나타남'과 '의식함'으로 이해할 수 있다. 4문자의 순서는 대중적으로 알려진 4원소의 순서 '불, 물, 공기, 흙' 순으로 이루어져 있다. 다음은 4문자의 '현현(顯現, 나타남), 의식(意識, 의식함)을 알아보기 쉽게 예로써 설명한 것이다.

> **4문자의 현현(顯現, 나타남)**
> "내 앞에 인형이 있다." – **요드(Yod)**
> "저 인형을 만져보고 싶다는 욕구가 발생한다." – **헤(Heh)**
> "만져본다." – **바브(Vav)**
> "인형이라는 건 보들보들 하구나." – **헤(f_Heh)**

> **4문자의 의식(意識, 의식함)**
> "인형이 존재한다." – **헤(f_Heh)**
> "나는 저 인형을 가져갈 거야." – **바브(Vav)**
> "저 인형을 가져가면 도둑질이 돼." – **헤(Heh)**
> "따라서 나는 저 인형을 아무런 대가 없이 가져가면 안 돼." – **요드 (Yod)**

---

34) 플라톤이 말하는 땅의 원소인 정육면체의 무변화 뉼과 같다.

3부

수비학과 세피라

TRIAD
BINAH

거척(拒斥, Refuse)

거척은 거절하며 배척한다는 의미가 있다. 거척의 느낌은 멸시(蔑視, Contempt)[4]에 가깝다. 자신이 단점으로 인한 열등감에서 오는 감정으로 다른 원소를 선망하듯 반대로 상대 원소에 대한 단점을 비판하고 멸시하는 것이 거척이다. 거척은 '자신을 선망하는 대상'에게서 느끼게 된다.

선망의 순서와 반대로 '거척'의 순서는 '불 ⇨ 물 ⇨ 땅 ⇨ 공기' 순으로 이루어진다.

불은 물을 거척한다.
물은 땅을 거척한다.
땅은 공기를 거척한다.
공기는 불을 거척한다.

---

4) 업신여기거나 하찮게 여겨 깔봄.

불의 존재 가치에 반대되는 것은 물이다. 자신의 색깔도 없고 자존심도 없고 자신을 드높이는 그것보다 남들과 맞춰가려는 물의 성질을 경멸한다. 불은 물의 성질을 받아들이느니 차라리 죽음을 택한다. 그래서 물에 뒤덮인 불은 꺼지게 된다. 절대적 경멸이다. 물은 이렇게 불이 자신을 경멸하는 것을 알고 있으므로 선망하고 불을 꺼트리지 않기 위해 거리를 두게 된다.

물의 존재 가치에 반대되는 것은 땅이다. 분명 물인 자신보다 넓고 많은 것을 가지고 있는데도 불구하고 전혀 자신의 것을 공유하려 하지 않는다. 물의 처지에서 보는 땅은 참으로 할일 없고 한심하게 보이게 된다. 자신이 선망하는 불처럼 자신의 개성을 뚜렷하게 살리는 것도 아니다. 게으르고 둔해 보인다. 재미도 없다. 자신이 공유하려고 다가가도 크게 공유되는 것이 없다. 그래서 물은 땅을 피하게 된다. 그러므로 땅에는 물의 거척 현상인 '물길'이라는 것이 생긴다.

땅의 존재 의의와 반대되는 것은 공기이다. 땅은 기반이며 변화를 매우 싫어한다. 변화를 받아들이는 데도 시간이 걸려 느리지만 본인 자신도 변화를 추구하진 않는다. 안정감이 최고의 덕목으로 생각하는 원소이며 그래야 자신 주변의 것들을 안전하게 지킬 수 있다고 생각한다. 그러므로 공기는 땅의 입장에선 눈엣가시가 된다. 공간을 자유자재로 넘나들며 정신없이 돌아다니는 공기는 세상에 많은 변화를 주게 된다. 땅은 그것을 수습하느라 정신이 없다. 편하고 느긋하게 있고 싶어 하는 땅은 이런 공기의 변화를 매우 거슬려 하고 싫어한다. 땅은 공기를 거척하고 있으나 땅 자체가 속성이 느려서 자신에게 큰 변화를 주진 않는다. 대신 땅이 내놓은 대책은 동식물의 탄생이다. 자신이 제지하고 제약을 하기에 는 공기가 너무 빠르다. 그래서 땅은 자신의 몸에서 생명을 탄생시킨다. 공기를 먹을 수 있는 생명을 탄생시켜 공기를 거척 하려 하며 공기의 길 을 방해하는 식물들을 만든다.

공기의 존재 의의에 제일 반대되는 원소는 불이다. 공기는 자신의 자유 를 막는 것에 흥미를 느낀다. 그러나 불은 너무 쉽게 자신의 자유를 허 용한다. 흥미가 없는 것이다. 더군다나 온도를 자유자재로 느끼고 빠르 게 공유하고 싶어 하는 성질을 가진다. 그런데 그 자유를 뜨거운 온도 로만 구속하는 불을 경멸한다. 능력도 보잘것없으면서 자신의 온도로 허세를 부리고 게다가 그 허세도 자신을 위해 희생한 것들로부터 얻은 온도이면서 콧대를 높이며 다가오는 불은 모든 정보를 취하고 있는 공 기 입장에서는 더럽게 느껴진다. 공기의 거척 방식은 오히려 그 불을 크 게 더 높여준다. 허세를 받아주며 바닥까지 드러나게 만든 다음에 모르 는 척하고 빠진다. 자신의 재료가 다 떨어진 불은 금세 그 기운을 잃게 된다.

연결(連結, Connection)

연결이란 큰 틀에서 각 원소가 연결되어 있는 것을 말한다. 선망, 거척과 같이 성질이나 감정에 의한 연결이 아닌 자연이 항상성을 가지기 위해 요구하는 프로그램으로써의 연결 구도를 말한다.

> 불과 공기는 직렬로 연결되어 있다.
> 땅과 물은 직렬로 연결되어 있다.
> 불과 땅은 병렬로 연결되어 있다.
> 물과 공기는 병렬로 연결되어 있다.
> 불, 공기와 땅, 물은 거울상으로 연결되어 있다.[5]

직렬의 의미는 구조와 패턴이 같음을 말한다. 병렬의 의미는 대조적인 패턴과 대등한 견해를 보이는 것을 말한다.

---

5) 이들은 역방향으로 연결되어있다.

직렬로 연결된 두 개의 원소는 반대편에 있는 또 다른 두 개의 직렬원소들과 역행하여 조응한다.

연결이라는 시스템은 각각의 원소가 가지는 속성과 기질의 조합과 원소들 간의 긴밀한 협정과 알력, 소통을 말한다. 각각의 원소가 각자의 개성을 가지고 자신의 의미를 표출하지만, 그 원소들이 서로 조율되고 자연을 이루고 있다는 것은 그들이 서로를 견제하고 서로를 이해하며 서로를 옹호해 주고 있기 때문이다.

이런 논리는 카발라와 프랙털 이론을 통한 고찰과 아리스토텔레스의 4 기질과 플라톤의 플라토닉 솔리드를 인용하여 내린 결론이다. '선망'과 '거척' 그리고 이런 원소 간의 정치적 알력을 조율하는 '연결' 구도는 우리가 사는 자연뿐만 아니라 집단사회 그리고 개인의 심상들을 기본적으로 관장하고 있다.

타로 해석의 기저 그리고 타로 구조의 근본은 여기서부터 시작되며, 이것은 후에 '마법(Magic)'으로 더욱 응용되며 실질적 타로가 완성된다.[6]

---

6) Alliette가 역방향을 빠르게 정착시키려고 했던 이유는 여기서 시작된다. 물론 고찰의 미약함과 성급함이 있었지만, 다음에 골든 던이 수습하여 진정한 의미의 타로에서의 역방향을 만들게 된다.

4원소, 4문자의 항상성(恒常性, Homeostasis)

4원소는 선망과 거척으로 상호관계를 이룬다. 이는 외부환경에 대한 흐름의 이치이다. 자연의 흐름을 이해하고 받아들이고 그것을 기록하고 다음 세대에 전달하는 것은 이들 원소가 아니라 '인류'이다. 4원소에 대한 이해는 객관성을 가진다. 그러나 인간은 그것을 수용할 처지에 처했을 때는 4원소가 아닌 4문자로 받아들인다.

4원소에 대한 대항 또는 수용을 위해 인간은 본능적인 행동을 보인다. 이 항상성이 중요한 이유는 4원소의 각각의 원소와 4문자의 각각의 원소의 조응을 동일하게 취급하는 오류가 종종 있기 때문이다. 이 오류는 타로를 제작할 때가 아니라 타로를 이해할 때 많이 일어나며 특히 타로를 해석하는 과정에서 시점을 잡는 데 중요한 역할을 한다. 자연의 4원소에 대해 인류의 4문자 흐름은 땅, 물, 공기, 불의 순서다.

큰불이 났다고 했을 때 당신은 그 화재와 함께 불타고 싶을까? 아니다.

뜨거운 열기와 자신이 타버릴지 모른다는 두려움 때문에 거리를 둔다. 자신에게 고통을 줄 수 있다는 현실을 알고 있으므로 불의 원소를 거절하고 피한다. 4문자의 '땅(f_Heh)'을 하게 된다.

불의 자연력을 인류가 받아들이고 평형을 유지하기 위해 취하는 자세가 땅이며 이는 자연과 인간의 항상성을 유지해 준다. 자연스럽게 불어오는 바람에 인류는 감정이 동화하고 세찬 바람에는 기후의 변동이 생길지 몰라 공포심에 동요된다. 공기의 원소에 인류는 물로 수용한다.

아무런 변화가 없는 땅에 사는 데 필요한 것들을 건설하고 그 변화가 없는 땅을 얻으려 전쟁까지 한다. 땅 원소에는 불로써 수용한다.

더운 여름에는 물을 보면 신나게 뛰어들고 바쁜 아침에는 물을 틀고 세차게 몸을 닦는다. 먹기 위해 식료품을 물로 씻으며, 익혀 먹기 위해 물을 끓인다. 물의 원소를 인류는 공기로써 대하고 있다.

이런 항상성을 깊이 이해하기 위해선 연결 시스템으로 복잡하게 이해하면 좀 더 많은 것을 알 수 있다.

가령 불 원소의 항상성에 해당하는 '땅(f_Heh)'은 상술한 것과 같이 '인간의 무의식적 거절'을 말하는데 이는 4문자의 땅에 '물(Heh)'이 반작용하였기 때문에 거절을 보여주는 것으로 이해할 수 있다. 여기에서 물은 땅의 직렬 원소이고 이를 불의 원소에 대한 항상성에 대한 이유로 '공포'와 '고통의 경험'에 의한 거절의식이라는 것으로 이해할 수 있다.

좀 더 쉽게 서술하면 활활 타오르는 불에 손을 대기를 무의식중에 거부하는 알고리즘은 4문자 땅(f_Heh)에 의해서고 이런 땅(f_Heh)이 발현된 이유와 근거는 불에 대한 공포와 불이 손에 닿으면 뜨겁다는 고통의 경험인 물(Heh)에 의해 발생한 것이다.

4원소, 4문자와 타로의 관계

4원소의 상호관계와 시스템이 과연 타로에 필요한 것일까? 선망, 거척, 연결 그리고 항상성에 대해서 현대에는 여러 가지 다른 학문으로 좀 더 쉽고 논리적으로 설명하고 논증할 수 있는데도 불구하고 이해의 포인트를 4원소 4문자로 했던 이유는 '타로'를 해석하기 위한 시스템의 일환이기 때문이다.

이 설명에 앞서 타로의 위치에너지[7]에 대해 설명할 필요가 있다. 당신은 타로를 사용해 스프레딩을 했을 때 그 타로가 가지는 의미가 무엇일지 생각해 볼 필요가 있다. 단지 배열에서 나타난 이미지, 표상을 읽는 데 급급한데, 이는 실제 우리가 타로를 대하고 있는 모습이다.

피타고라스처럼 말한다면 타로는 78개의 숫자의 에너지를 이미지화하

---

7) 위치에너지란 물리학 용어로 하나의 물질이 공간에 존재할 때, 그 공간에 존재하기 위한 에너지를 말한다.

여 그것을 가볍고 오래 보관하기 위해 두꺼운 재질의 종이와 코팅기법을 사용한 물질이다.

타로는 인간과 인간을 제외한 모든 세계의 에너지의 교차점에 있는 물건이다. 인간은 인간 이외의 공간에 대해 알기 위해 노력했고, 그것의 산물을 우리는 학교교육에서 배우게 된다. 타로는 인간과 인간 이외의 공간으로 치부되는 '세계'를 이어주는 다리 역할을 한다. 표현하자면 '통역관'이다. 타로가 어려운 이유는 우리가 인지할 수 있는 세상 이외에 인지할 수 없는 세상의 이야기도 전달해 주기 때문이다.[8] 이 통역관은 우리의 위에서 내려다보며 그 자신이 느낀 바를 타로를 통해 우리에게 표현해준다. 쉽게 생각하면 컴퓨터 게임과 같다.

우리는 컴퓨터라는 가상세계에서 캐릭터를 조종하여 임무를 해결해 나간다. 캐릭터의 시점에서는 조종자인 우리의 존재를 알 수 없다. 우리는 그 캐릭터에게 신과 같은 존재일 것이다. 우리는 컴퓨터 게임에서 작은 지도를 통해 캐릭터가 어느 쪽으로 움직여야 하고 움직일 수 있는지 그리고 움직여야 하는지 움직이지 말아야 하는지를 결정할 수 있는 '시야'를 가지고 있다. 그리고 '커맨드'를 조작한다.[9] 타로는 여기서 신이 어떤 '커맨드'를 우리에게 시사하는지 역설적으로 표현해준다. 말하자면 '명령문'이다.

타로티스트는 엄밀히 말하면 신을 거역하는 위치에 있는 인간이다. 신의 명령을 그대로 받아들이는 것이 아닌 조언을 통해 수정해 나가기 때문이다. 그래서 오컬트를 하는 인간은 신을 숭배하는 것이 아닌 전달자인 '헤르메스'를 신봉하는 것이다.

---

8) 왜 오컬트를 하는 인류가 헤르메스를 신봉하는지 알 수 있게 하는 개념이다.
9) 게임 캐릭터를 움직이는 컨트롤러를 사용하는 행위

타로의 위치는 이처럼 하나의 문서와 같다. 이 문서가 나타내고자 하는 것은 다음과 같다.

1. 캐릭터가 가야 할 방향

타로가 보여주는 배열과 의미는 커맨드와 같다. 단순한 신의 명령문이다. 가지 말아야 할 곳과 가야 할 곳을 제안해주고 그곳에 있어야 평범하게 안주할 수 있다고 제시한다.

2. 신이 캐릭터를 이용하려는 목적성

신은 완벽주의자이다. 자신의 이익을 통해 캐릭터를 움직이는 것이 아니다. 자신이 만들어 놓은 퍼즐 판 위에 하나의 조각이 망가진다면 그다음 조각을 만들어 넣으려고 한다. 그곳에 들어가지 않으면 억지로 만들려고 하다 보니 그 조각에 해당하는 인간은 황제라는 지위를 통해 악마가 되고 탑을 세우고 교황을 세워 신에게 대항 또는 대화를 하려 한다. 신은 들을 생각 없다. 자신이 원하는 곳에 넣어서 안 맞으면 버린다. 그래서 심판하게 된다. 이처럼 타로는 우리를 이용하려는 목적성을 타로를 통해 보여준다.

3. 전달자의 개성

게임을 할 때 우리가 키보드 또는 마우스를 통해 캐릭터에게 명령을 내리지만, 이 명령을 전달할 때는 키보드와 마우스를 통해 전달되는 것이 아니라 C언어[10]를 통해 캐릭터에게 전달될 것이다. 신이라는 존재

---

10) 프로그래밍 언어.

관점에서 캐릭터인 우리는 키보드와 마우스의 존재는 알 수 없지만, C 언어의 특색은 알 수 있고 공부할 수가 있다. 전달자에게 전달받은 내용을 번역하여 내담자에게 전달해줘야 하는 우리는 반드시 전달자가 주려고 하는 언어의 구조와 개념을 숙지하는 것이 당연한 이치이다. 컴퓨터가 캐릭터에게 주는 명령문은 C언어이지만 헤르메스가 우리에게 주는 명령문은 '헤르메틱 카발라'[11]이다.

타로의 위치는 이처럼 우리에게 신이라고 하는 존재가 주려는 메시지를 나타낸다. 그 메시지 안에 표상으로 제안된 구조가 4원소이고 이 4원소를 전달자가 전달할 때는 4문자로 전달하게 되는 개념이다. 앞서 말한 바와 같이 4원소, 4문자는 '레서 아르카나'[12]의 부분집합이다. 4원소는 외부에서 오는 에너지 즉, 전달자가 주려는 본질적인 메시지이고, 4문자는 내부에서 발출될 수 있는 에너지 즉, 전달자가 4원소를 전달해주었을 때 나타나는 인간의 원소 형태를 말한다.

가령 '나는 내일 학교에 가고 싶어 하는가?'라는 질문으로 선택한 타로가 완드+3이라고 가정하자.
완드는 '불'의 4원소를 가지지만 실제로 타로에 보이는 것은 '요드'인 것이다. 질문에 대한 답인 메시지를 풀어보면 '너는 내일 학교에 가는 것을 '요드'합니다.'로 번역할 수 있다. 요드는 의지이고 강력한 행동 에너지이다. 즉 이를 다시 '너는 내일 학교에 너무 가고 싶어 할 것이다.'로 해석을 할 수 있는 것이다.

---

11) 타로의 근본적 원리 체계를 말하는 현대 신비주의 체계.
12) 핍 카드와 코트 카드를 전부 포함하는 구조. 다른 말로 마이너 아르카나라고 부른다.

여기서 요드는 땅 원소의 외부환경을 인간이 받아들일 때 나타나는 내부원소이다. 즉, 이 사람이 학교에 너무 가고 싶어 하는 '이유'는 학교가 땅 원소를 가지고 있기 때문[13]으로 생각할 수 있다.

정리하면,

> 내담자　　　 : 나는 내일 학교에 가고 싶어 할까요?
>
> 전달자　　　 : 너는 내일 학교에 가는 것을 요드하게 될 거야.
>
> 타로티스트 : 당신은 내일 학교에 가는 것을 원하게 될 것입니다.
>
> 내담자　　　 : 왜 가고 싶어 하죠?
>
> 타로티스트 : 당신은 당신이 필요한 것(학업)을 위해 학교에 가는 것을
> 　　　　　　　 당연하게 원하게 될 것입니다.

위와 같은 형식으로 내외부에너지를 읽을 수 있다.

---

13) 항상성의 응용-

6부

숫자의 3가지 성격

HEXAD
THIRTH

수비학을 사용한 대표적인 점술의 형태는 네 가지가 있다. 첫 번째는 라틴어로 된 책을 확인하는 점술인 소르테스(Sortes), 두 번째는 네오피타고라스 학파의 피타고라스 수비학과 헤르메틱을 이용한 생일 수, 그리고 이를 기반으로 한 '성명학(Onomancy)'이다. 세 번째는 아랍에서 유래되어 고대에 프랑스에서 연구된 시스템인 '트락타트 데 프레노스티케이션(Tractat de Prenostication)'이다. 기존 수비학과 다르게 이는 개인의 생일 수뿐만 아니라 상대방의 생일 수와 함께 계산하는 방식이다. 마지막으로 '슈도-아리스토텔레스학파들'[1]에 의해 만들어진 '세크레타 세크레토룸(Secreta Secretorum)'이다. 이런 수비학은 후에 네오피타고라스 전통과 연금술로 활용되면서 현대에 이르러 많은 점술 시스템으로 발전하고 있다.[2] 점술에 타로를 접목하는 시도는 있지만 반대로 타로에 점술을 접목한 사례는 찾을 수 없다. 그렇다고 수비학을 활용한 대표적인 점술로 타로를 제시하는 것도 모호한 경계가 존재한다.

타로는 여러 가지 신비주의 철학을 하나의 틀 안에 자유롭게 섞어서 만드는 것이 장점이므로 타로 안에서 수비학의 비중이 마냥 높다고 보기도 어렵다. 그만큼 수비학에 의존하지 않고도 타로를 이해하는 데 무리가 없다는 이야기이다. 오히려 수비학을 적용해서 자신의 스타일을 잃게 되는 일도 있을 수 있다. 이 책은 신비주의 철학으로써의 수비학과 이를 타로에 접목하는 방법에 대한 소개로 이 책이 완벽한 정답이라고 말하고자 함은 아니다. 바라건대 자신만의 공부와 자신만의 스타일을 만들어야 한다.

---

1) 아리스토텔레스의 유지를 이어받았다고 주장하지만, 근거가 아직 부족한 집단
2) John Scott Lucas (2003). 'Astrology and Numerology in medieval and Early Modern Catalonia.' Koninklijke Brill NV, Leiden. The Netherlands. p.49~51

숫자의 점진성(漸進性)

3부에서 언급한 수의 개념과 이해방식을 타로에 응용할 수 있다. 가장 간단한 방법은 숫자의 양적 개념이다. 숫자는 점점 커질수록 그 의미도 증폭된다는 의미로 이해할 수 있다. 이를 해석에 응용할 때는 단순히 '크다, 양이 많다'로 이해하는 것은 다소 근시안적인 해석이 될 수 있다. 핍 카드의 숫자가 클수록 그만큼의 경험과 과정, 연륜이 올라갔다고 이해하는 것이 좋다. 단순히 크다는 것과 무엇이 다를까 생각할 수 있지만 '크다'의 개념은 단일 숫자에 대한 이해만을 가져올 수 있다.

예를 들어 핍 카드에서 완드+7이 배열에 나왔을 때, '불이 일곱 번째 크기를 가지고 있는 숫자'라고 단정 지을 수 있게 돼버린다. 올바른 이해는 '불이 일곱 번째까지 가면서 만들어진 과정과 완성이 같이 이루어진 형태의 숫자'이다.

모든 숫자에는 모나드인 1이 반드시 있다. 데카드를 제외한 모든 숫자는 모나드에서 디아드를 거치게 되며 트라이어드를 만들 것인지 테트라드를 만들 것인지 펜타드를 만들 것인지 헥사드를 만들 것인지를 결정하게 된다. 이런 방향성이 존재하고 있었다는 것을 간과하면 안 된다는 이야기다.

근시안적인 숫자 개념으로 오역하는 경우가 바로 카드의 합수이론이다. 카드에 나오는 숫자들을 다 더한 뒤 나오는 숫자에 대해 해석하는 것은 매우 좋은 해석 스타일이다. 그러나 대부분 이렇게 해석하는 사람들의 특징은 나온 숫자를 단일 수로 생각하고 해석해 버린다.

$$1+4+8=13=4$$
$$8+6+8=22=4$$

위의 두 가지 패턴이 있을 때 모두 '4'라는 숫자로 해석할 우려가 있는 것이다. 합수로 해석을 잘하는 분들의 특징은 위에 배열된 모든 숫자의 개념을 연계하고 답을 도출한다는 점이다.

숫자의 균질화(均質化)

나는 타로 안에 있는 점술 시스템을 대할 때 항상 '거울상'의 개념을 가진 시계를 떠올린다. 그렇게 만들어진 이론이 〈거울상 이론〉[3]이다.

이 개념의 근본적 원리는 단순하다. 배열에 표상으로 떠오른 카드의 뒷면에는 그 카드의 본질의 거울상이 존재한다는 것이고, 그 거울상을 해독하는 것이 해당하는 질문과 사건을 해결하는 열쇠 구멍이 될 수 있다는 것이다.

숫자의 균질화는 〈거울상 이론〉의 기본적인 틀을 제시해준다.

숫자의 균질화란 1~10까지의 숫자의 거울상인 10~1까지의 숫자를 1:1 조응을 통해 이해하는 것을 말한다. 이는 다음 주제인 항상성과 연관된다. 가령 핍 카드 3이 표상으로 떠올랐을 때 그에 대한 거울상인 숫

---

3) 장재웅 (2018) '타로 해석학 개론', 북랩, p181. 장재웅(Adonai_Paean)이 직접 타로를 고찰해 만든 이론으로 〈거울상 이론〉 또는 아도나이피언(Adonai Paean)의 '클로콜로지(Clockology)'로 명명하였다.

자 8이 관여하고 있음을 인지하고 마스터 숫자인 11에 대한 이해를 동반한 사칙연산으로 이해하여 해독하는 방식이다.[4]

숫자 3인 트라이어드가 표상으로 나타난 상황일 때 우리는 해당 질문에 대한 안정감과 그것을 이루고 유지하기 위한 즐거움 또는 괴로움으로 이해한다. 이런 3의 이면에는 숫자 8이 뒤에서 암약하고 있다. 트라이어드의 안정감을 위해서는 실제 숫자 8과 같은 완성체가 있어야 한다. 즉 이미 만들어진 완성품이 있으며 그것을 쫓는 형태가 숫자 3이 된다. 이는 수비학적 개념이 아닌 이 숫자가 자연에서 현상으로 발현되었을 때의 이야기이다.

수비학 이론을 통한 이 둘의 매치에 대한 언급은 어디에도 찾을 수 없다. 인간의 세상을 자세히 관찰해보면 앞면과 뒷면이 있음을 알게 된다. 간단하게 생각하면 보이는 성격과 감추고 싶은 성격이 공존하여 해당하는 인간의 성향을 만들어내는 것과 비슷하다. 이를 좀 더 확장하여 우주의 이치 또한 이런 양면성을 가지는 것을 이해할 수 있다. 우리가 사는 우주는 단일 숫자로 이루어져 있는 것이 아님을 앞선 수비학 서술에서 이해할 수 있어야 하며 이를 통해 단일 숫자에 의한 세상의 이치는 불합리함을 알 수 있어야 한다. 따라서 단일 숫자에 의한 이치는 비논리가 되므로 최소한 두 개 이상의 숫자가 결합하여야 육감으로 느낄 수 있는 현상으로 나타나게 된다는 논리가 형성될 수 있다.

이를 '숫자의 균질화'라고 정의한다. 이를 타로 해석에 응용하며 알게

---

4) 가령 컵+3이 표상일 경우 컵과 connection 하는 소드가 거울상이 되고 3의 균질화된 반대편의 값이 8이 되어 컵3의 이면에는 소드+8이 존재한다는 개념이다. 즉, 컵+3은 겉으로 즐겁게 서로에 대해 소통하는 과정을 나타내곤 있지만 그 이면에는 소드+8과 같이 서로에 대해 깊게 알지 못하기 때문에 즐거운 것만 쫓으려는 이면의 성질도 포함하여 해석하는 방식을 말한다. 반대로 소드+8이 표상일 경우, 컵+3을 이면에 가지고 있게 되는데 이는 나타난 상황은 자신이 무엇을 해야할지 모르고 갑갑한 상황이지만 이런 상황에 대해 대처하기 위한 궁리보다 컵+3과 같은 즐거움으로 회피하려는 성질을 이면에 가지고 있음을 암시하는 방식이다. 마스터 숫자인 11이 이를 계산하여 균질하게 만들어주는 최소값이기 때문이다. 1~10까지 숫자를 나열하고 반대로 10~1까지 숫자를 나열한 것과 같다. 이 두 가지 숫자 패턴이 서로 조응하면 모두 마스터 숫자인 11이 나오게 된다. 이를 숫자의 균질화라 부른다.

된 사실은 앞서 말한 숫자의 점진성과 마찬가지로 숫자 자체에 대한 단편적 이해가 전체적인 해석의 방향을 오역으로 가져가게 한다는 것을 알게 되었다. 따라서 숫자의 균질화는 타로의 해석을 위한 중요한 이론이 될 수 있다고 생각한다.

숫자의 항상성(恒常性)

수비학에서 사용된 숫자 간의 관련성과 연관 방법을 숫자의 균질화라는 맥락으로 설명하였다. 이를 응용하여 세피라와의 관계로 인간과 자연을 조응하는 방법이 '항상성'이다.

4원소 4문자와 같이 수비학의 숫자와 카발라의 세피리들의 상관관계 또한 외부에너지와 내부에너지를 말한다. 이들의 관계는 서로 역행한다. 간단히 말하면 숫자 1인 모나드가 외부에서 발생하면 인간은 10번째 세피라인 말쿠트를 발생하여 대처한다.

이를 쉽게 예로 들어보자. 사과나무에서 사과라는 과일이 발생했다(모나드). 지능이 없는 동물(악마)은 이를 그대로 직렬인 케텔로 받아들여 섭취한다. 그러나 지능이 있는 인간(천사)은 말쿠트로 받아들여 '저장'한다. 좀 더 와 닿을 수 있는 예는 6인 헥사드이다. 헥사드의 외부에너지 표상은 대외적인 인정과 존경, 명예를 받는 것이다. 이를 그대로 6번째 세피라인 티페레트로 받아들이게 된다면 굉장한 오만이 돼버린다. 이 오만은 주변의 환경을 생각하지 않은 자신만의 욕구가 우선이 되어 나타나는 행동 양식이고 이는 쉽게 악에 물들게 된다. 카발라에서 완벽한 인간인 아담 카드몬이 옳은 인간상이라고 가정한다면 헥사드를 다섯 번째 세피라인 게부라로 받는 것이 옳다. 다시 설명하면 외부에서 존경과 인정을 받는다 하더라도 자신에게 부족한 것이 무엇인지를 계속 곱씹고 이런 인정을 받아도 되는지 돌이켜 보고 만약 받아도 된다고 판단했다면 그것에 대한 책임감 때문에 또다시 긴장해야 하는 것이 카발라의 가르침이고 이를 한국어로 '겸손'이라고 부른다.

이처럼 수비학과 세피라의 상호관계는 역행에 있다. 이것을 이해하지 못하고 직렬로 이해한다면 타로를 해석하는 인간 자체가 본인의 아집과 편견에 쌓여 내담자를 이해하지 못하고 잘못된 방향을 제시해줄 수 있게 된다.

숫자 5의 수비학은 펜타드이고 세피라는 게부라라고 부른다. 앞서 말한 핍 카드의 5번들의 표상이 게부라와 같다. 펜타드는 인간 이외의 것에서 오는 신성함을 말한다. 이것이 인간 내부에서는 매우 고약한 냄새를 가지게 된다. 게부라는 '자비'로 불리는 헤세드를 조율하는 역할을 한다. 헤세드가 수용적인 형태를 가질 수밖에 없는 이유는 게부라가 헤세드의 능동성을 억제하기 때문이다. 펜타드는 신성을 받아들이기 위한 인간이 만들어낸 하나의 상징물이지만 실제 이 펜타드를 만들어내기 위해 인간이 행하는 것은 게부라이다.

게부라의 다른 이름은 '파괴자'다.[22] 이 세피라의 역할은 헤세드에서 만들어서 나온 생산물 중 불필요한 것을 파괴하는 것이다. 이 게부라에 대한 이해는 몹시 어렵다. 이를 이해하기 위해선 기본적인 편견에서 벗어나야 한다. 게부라에서 나타나는 냄새는 고약함이 사실이지만 이 고약함은 한방약과 같은 고약함이다. 우리가 아프지 않다면 굳이 찾아서 먹지 않을 쓴 약과 같다. 인간은 항상 본인이 건강하고 정상인 것으로 착각한다. 그러므로 게부라는 매우 악덕한 세피라로 오해한다.

쉽게 생각해보자. 만약 살인자가 있다고 하자 이 살인자는 인간을 10명을 죽인 살인자이다. 당신은 이 살인자가 악이라고 생각하는가? 선이라고 생각하는가? 인간은 죽음에 대한 공포가 우선이며 그것을 극복하기 위한 이기심이 자연스럽게 자기방어를 위해 발현된다. 따라서 같은 인간을 죽이는 행위를 하는 인간을 '악'이라고 부른다. 그렇다면 이 살인자가 누군가를 살리기 위해 10명을 죽인 것이라면 이는 악이라고 부를 것인가, 선이라고 부를 것인가. 이런 논제를 던지는 것이 헤세드이고 이를

---

22) 다이온 포춘, 정은주역, (2009), 미스티컬 카발라, 좋은글방, p257.

하나의 선택지로 모아서 나머지 선택지를 '파괴' 하는 것이 게부라이다. 만약 사람을 죽이는 행위가 악이라고 판단한다면 '누구를 살리려고 했든'[23] 죽였기 때문에 악'이라고 결정한다. 만약 사람을 살리려는 행위였기 때문에 선이라고 판단한다면 '어쨌든 살리려고 했잖아' 그러니 죽여도 상관없다고 결정하게 될 것이다.

위의 논제는 많은 세피라들이 관여하고 있다. 그중 이 더러운 결정을 떠넘겨 받는 건 게부라이다. 우리는 자신의 잣대로 옳고 그름을 판단한다. 그리고 그 잣대가 되도록 '사회에 대한 공정성'을 따라가려고 노력한다. 실제로 이런 행위는 게부라 자체를 '악'으로 간주하기 때문에 나타나는 현상이다.

많은 사람이 지나다니는 강남 한복판에서 굉장한 음치가 노래를 부르면 '고성방가'가 된다. 반대로 굉장한 가수가 노래를 부르면 '음악'이 된다.[24] 누가 악이고 누가 선일지 모호해진다. 그래서 판단한다. 자신이 싫으면 악이고 자신이 좋으면 선이라는 보기 좋은 선택을 무의식중 하게 된다. 이것이 펜타드의 역행이다. 게부라의 거부이다.

우리는 인간이기 때문에 항상 깨끗할 수 없다. 더러워질 때 아닐 때를 구분하게 하는 소중한 악마 같은 세피라를 우리는 버리면 안 된다. 이를 다이온 포춘은 '악이란 단지 잘못 위치된 힘'[25]이라고 말한다.

이 글을 읽고 핍 카드의 5번들을 '악'이라고 생각하면 안 된다. 앞서 말한 펜타드의 설명과 마찬가지로 해당 원소들의 잘못된 위치로 게부라가 옮겨주고 있는 현상을 이미지로 표현한 것이 타로의 5번 핍 카드이다.

---

23) 헤세드에 대한 오류가 발생한 상황을 게부라가 조율하는 과정이다.
24) 거리 공연(Busking) 이 된다.
25) 다이온 포춘, 정은주역, (2009), 미스티컬 카발라, 좋은글방, p257.

지금까지 읽어온 4원소와 수비학, 카발라의 매트릭스에 대해서 어떻게 타로에 사용될지 글로만 봐서는 이해하기 어려울 수 있다. 그리고 이것이 정말 필요한지에 대한 의문도 들 수 있다. 이 이론들을 가볍게 응용하여 해석하는 방법을 제시하려 한다. 타로의 해석에서 가장 중요하지만 가장 쉽게 접근할 수 있는 해석 유형은 '성향'이다.

타로를 실전에서 해석할 때 '표지자'를 설정하는 것이 일반적이다.[1] 그러나 타로 해석에 큰 영향을 미치는 것은 아니다. 그러나 타로 입문자들이 이론을 배우고 가장 쉽게 이론을 사용하여 해석할 수 있는 부분이 표지자 해석이다. 이런 표지자 해석은 다른 말로 내담자의 성향 파악으로 생각할 수 있다.

7장에서는 지금까지 이야기한 4원소와 수비학을 '개인의 성향 파악' 유형에 한정해 살펴보기로 한다. 그 뒤 8장과 9장에서는 4원소와 수비학을 이용한 3카드 해석 방법과 공부 방법에 대해 서술하겠다.

---

1) 장재웅 (2018) '타로 해석학 개론', 북랩, p85.

완드

완드는 앞서 말한 바처럼 불의 성질을 가지고 있다. 즉 완드가 나온 사람들의 행동 패턴은 불과 같다고 생각하기 쉽다. 그러나 내담자를 '불같은 사람'이라고 판단하기보다 '요드 같은 사람'이라고 이해하는 것이 더욱 해석하기 좋다.

불은 앞서 말했듯 외부에서 발출되는 뜨겁고 건조하게 만드는 에너지이다. 인간 안에서는 이를 불이라 부르지 않고 '요드(Yod)'라고 부른다.

요드에 해당하는 인물은 대체로 진취적이며 자기 생각을 자유롭게 발설하는 경향이 있다. 무엇인가 만드는데 탁월한 능력이 있다고 생각할 수 있는데 이를 좀 더 생각해보면 자신이 가진 아이디어에 대한 '신뢰'가 매우 높은 타입의 인물이라고 고찰할 수 있다. 이를 '자신감'이라고 부르고 자신감이 넘치는 사람을 진취적이라고 하며, 지도력 있다고 이야기할 수 있을 것이다.

이렇듯 여러 가지로 서술하기 어렵다면 차라리 한 단어 또는 한 문장으로 설정해 두는 것이 더욱 편할 수 있다.

완드를 '정복자'라고 임의로 설정하자.

컵

컵은 물의 성질을 가지고 있으며, 헤(Heh)의 성질을 가진다. '헤 같은 사람'이라고 생각하며 이해해보자.

'헤'는 '어루만진다. 손으로 만든다. 접촉하여 이해한다.'라는 성향이 있다. 이를 개인의 성향으로 생각해보면 '어루만지는 사람'이 되고, 이는 '타인을 용서하는 사람', '타인의 눈높이에서 공감하는 사람'으로 고찰할 수 있다.

물의 성질과 비슷한 헤는 인간의 내면에서 자신보다 타인의 내면을 보려는 성질이 우선되는 경향이 있다. 이 때문에 물 같은 사람은 '바람둥이 같은 사람', '유혹자'로 냉소적 해석이 되기도 한다.

컵을 '공감자'라고 임의로 설정하자.

소드

소드는 공기의 성질을 가지고 있으며, 바브(Vav)에 해당한다. 공기의 성질은 매우 독특하다. 자유롭고 제약 없는 원소의 성질 때문에 무개념하다는 오해를 받는다. 단편적인 부분만 봤을 때 그런 해석이 가능하다. 이는 바브와 비슷한 요드와의 비교를 통해 자세히 이해할 수 있다.

바브와 같은 사람은 공기의 속성같이 자유로운 의지를 갖춘다. 그래서 움직이는 것을 좋아하고 빠르게 서로의 감정을 부딪치는 것을 좋아하는 성질을 가진다. 이런 성질만 봤을 때는 요드와 비슷하다.

요드와 바브의 차이점은 '절제'이다. 요드는 절제하지 못한다. 요드는 극히 1차원적인 행동 양식을 주안점으로 삼기 때문에 절제하지 않아도 상관이 없다는 인식이 스스로 있다. 그러나 바브는 외부로 계속 소통하고 3차원적인 행동 양식을 미덕으로 삼기 때문에 자신이 어떻게 보일지도 가늠하여 자신을 단속하고 절제한다. 그래서 활동적이긴 하지만 냉소적인 모습도 보인다.

실제 바브와 같은 인간을 보면 매우 차분하고 냉정하며 눈치를 많이 본다. 겉으로는 공기가 맞나 싶을 정도로 깔끔한 이미지를 가진다.[2] 자신의 머리로 주변의 상황과 흐름을 계속해서 계산 및 선택을 기계처럼 하므로 실제 말할 수 있는 타이밍이 타인에 비해 늦다. 이 사람들이 대화 중 말을 꺼냈을 때 단 한마디라도 임팩트가 꽤 크게 들어가는 경향이 있다. 바브의 성향의 단점은 너무 절제를 하다 보니 자신을 잃어버리는 경우가 있

---

2) 도리어 요드를 가진 인물들이 천방지축이다

는데, 잃어버렸을 때 나타나는 현상은 바로 '허세'이다. 빠르게 상대방과 온도를 공유해서 실적을 내야 하는데 그것이 너무 자주 진행되거나 요령이 생겨버리면 '아 이렇게 하면 되겠구나!'라고 학습이 되어버린다. 그것의 폐해가 '거짓말 아닌 거짓말'이고 이는 허세와 허풍으로 발전한다.

좀 더 자세히 말하면 공기가 사회성을 가지게 되고 외부로 자신을 내비쳤을 때, 완드는 자기 생각에 힘이 있어서 외부로 모든 판단과 행동을 자연스럽게 보여주지만 소드는 자기 생각을 감추고 자신의 내면에서만 모든 판단과 행동을 결정한다. 그렇다 보니 소드의 성향이 있게 되면 완드보다 자신의 장단점을 계속해서 들여다 볼 수 있으므로 자신이 어떻게 비칠지 다른 속성에 비교해 냉정하게 판단할 수 있게 된다.

누군가 도둑질을 한다고 가정하자. 완드의 경우는 "도둑질을 하면 안 돼"라며 상대방을 향해 일갈한다. 소드의 경우는 '도둑질을 하면 안 돼'라며 속으로 생각하고 정작 상대방에게는 그 생각을 전달하지 않고 방관한다. 완드는 한번 말로 꺼냈기 때문에 그 뒤에 있을 상대방과의 대화로 나아갈 수 있으나, 소드는 생각만 했기 때문에 왜 도둑질을 하면 안 되는지, 그리고 자신이 방관해도 될 이유를 만들면서 상황을 회피하고 자신의 행동을 일반화 또는 정당화한다. 그 과정은 지극히 주관적이며, 반사회적임을 자신도 알고 있기에 이를 숨기기 위해서 행동한다.

즉 거짓말 아닌 거짓말을 하고 나아가 허세 아닌 허세를 부린다. 자신의 잘못을 스스로만 정당화시켰다는 그것마저도 스스로 깨닫는 것이 소드이다. 웬만해선 자신의 것을 보여주려고 하지 않는 성질을 가졌으나 행동의 방향이나 행동력만을 놓고 볼 땐 완드와 흡사하다. 발현되는 기전이 다를 뿐이다.

소드를 '절제자'라고 임의로 설정하자.

펜타클

펜타클을 땅의 성질과 헤(f_Heh)의 성질을 가진다. 땅은 매우 냉소적이다. 이 냉소적인 패턴은 바브의 냉소와 다르다. 바브는 자신의 상승에너지를 절제하면서 시야가 매우 넓어지는 타입이어서 타인의 장단점을 파악한 뒤 냉소적인 면을 보여주는 데 반해 헤(f_Heh)는 기본적으로 시야가 넓다. 바브와 같이 절제를 하지 않아도 이미 넓어져 있다. 시야가 넓으므로 자잘한 것에 관심을 가지지 않아서 생기는 냉소적 성향이다.

헤(Heh)의 성격과 아주 상반적일 수 있다. 헤(Heh)는 무한한 사랑을 가져야 가능하다. 여기서 무한한 사랑이란 자신을 버리고 상대방에게 모든 것을 던지는 사랑이다. 헤(f_Heh)의 입장에서는 이것이 절대 이해가 가지 않는다. 그래서 항상 '왜?'라는 물음표를 컵 성향인 사람에게 보여준다.

4요소론 에서 선망 패턴을 이야기했었는데 헤(f_Heh)의 사람은 본래 관심이라는 걸 가지지 않는 타입이다. 그런데 '왜?'라는 관심을 가지는 유일한 대상이 헤(Heh)의 사람이다. 당연한 이야기지만 헤(Heh)의 사람은 이런 헤(f_Heh)의 사람을 경멸한다. 다음의 대화문을 보자.

헤(f_Heh)와 헤(Heh)가 혼란스러우므로 물과 땅으로 표기한다.

물 : 나는 정말 저 사람을 위해서라면 전 재산을 줄 수 있어.

땅 : 왜?

물 : 내가 정말 사랑하기 때문이야.

땅 : 사랑하면 네가 고생하면서 벌었던 돈을 전부 줘도 되는 거야?

물 : 상대방의 감정을 이해해봐. 상대방이 얼마나 힘들고 괴롭고 의지하고
　　　싶으면 나에게 돈을 빌리겠니? 게다가 나는 이 사람을 사랑하고 있잖아.

땅 : 아니 그러니까 전 재산을 주지 않아도 사랑을 표현할 방법이 많잖아?

물 : 내가 사랑하는 사람이 나에게 돈을 바라잖아.

땅 : 아니 그러니까 … 사랑하면 다 해줄 수 있는 거야?

물 : 응.

땅 : 하 …

(여기서 땅은 물에 대해서 '아…. 내가 관리해서 지켜줘야겠네. 한심하긴.' 이
렇게 경멸이 아닌 보호의 감정을 가지는 것이 일반적이다.)

헤(f_Heh)와 헤(Heh)의 차이는 위와 흡사하다.[3] 이처럼 헤(f_Heh)의 사람
은 현실적이고 냉소적이다. 자신의 것을 누구에게 주는 것을 싫어하는
것처럼 보이지만 꼭 그렇지도 않다. 내가 준 것을 반드시 상대방이 돌려
준다는 가정 아래 자신의 것을 '빌려준'다. 빌려줬던 것을 돌려주지 않
아도 화를 내지 않는다. 다만 자신의 것을 더 빌려주지 않을 뿐이다. 이
런 식으로 다른 것과 섞이지 않으면서 다른 것들을 조율하는 성향을 지
닌다.
펜타클을 '중재자'라고 임의로 설정하자.

---

3) 다른 슈트의 성향이 있었더라도 인간은 기본적으로 4가지 원소를 전부 가지고 있으므로 위와 같은 시나리오를 보
여줄 수 있다. 위의 시나리오에서 봐야 할 점은 물의 희생과 땅의 중개를 이해하기 쉽게 설명한 시나리오이다.

슈트+1

수비학에서 숫자 1은 '모나드'이며 '케텔'이다. 모나드와 케텔은 여러 점수가 있는 과녁에서 단지 10점짜리 중앙 부분만을 보고 있는 것과 같다. 다른 점수는 점수도 아니라고 배척할 정도로 단순하지만, 목적이 확실한 느낌이다.

완드+1 : 정복자가 확실한 목적이 있다.

생각해보자. 어떤 것을 정복하려는 성향이 있는 사람이 확실한 목적이 있다면 어떨까? 매우 강한 에너지의 발현이 예상될 것이다. 장점은 확실하고 호탕한 성향이 있다고 볼 수 있고 단점은 중요한 것과 중요하지 못한 것을 구분 못 할 정도의 단순한 성향을 지녔다고 볼 수 있다.

마치 나폴레옹이 조세핀에게 빠져서[4] 손해 없이 이길 수 있는 전쟁을 큰 손해를 보면서 치른 듯한 양상과 닮았다.

---

4) 나폴레옹이 17세기 후반 이집트 원정에 나가 있을 때, 자신의 부인인 조세핀에 빠져서 전쟁 회의에서 멍해 있다든지, 지휘보다 조세핀에게 편지를 쓰는 시간이 더 많았다든지, 빨리 전쟁을 끝내고 돌아가고 싶어 무리한다든지 하는 행위로 손해보지 않을 전쟁에서 큰 손해를 보게 된 일례가 있다.

컵+1 : 공감자가 확실한 목적이 있다.

타인의 손을 잡아주고 공감해주는 사람이 확실한 목적이 있다고 생각할 때, 딱 드는 생각은 '사랑에 빠졌구나!'일 것이다. 누군가와 공감을 하려는 목적이 발생한 것은 그 마음속에 타인과 감정교류를 하고 싶어하는 순수한 욕구와 열망이 있는 것이다. 이를 우리는 '설렘'이라 부른다. 비단 대상이 인물이 아니더라도 상황, 환경, 사물, 동물 등등 다양한 것을 마주할 때 그것과 공감하려는 성질을 말한다.

이를 개인의 성향으로 표현하면 '순수하게 타인을 믿고 손을 내미는 사람'으로 해석할 수 있다.

소드+1 : 절제자가 확실한 목적이 있다.

소드+1은 절제를 해야 할 확실한 목적이 있다는 것과 같다. 공기의 속성 즉 바브와 모나드의 결합은 자신의 윤리와 도덕을 가늠하기 위한 에너지의 발현이라고 볼 수 있다. 따라서 자신의 단점이 무엇인지 더 나아가 타인에게 이 단점이 어떻게 어필이 될지 알게 되는 시점이다. 처음 이성을 인지하는 아이들을 보면 이해가 될 것이다.

남자아이의 경우 여자아이를 이성으로써 자각하게 되면 자신의 강한 모습을 보여주는 것이 미덕이라고 생각할 수 있다. 왜냐하면, 자신의 단점. 즉 약하다는 것을 보여주지 않기 위해 하는 행위가 소드+1이다. 여자아이의 경우 남자아이를 이성으로써 자각하면 자신의 예쁘고 귀여운 모습을 보여주는 것이 미덕이라고 생각할 수 있다. 따라서 꾸미는 행위를 하는데 이 또한 자신이 단점이라고 생각하는 '외모의 부족함'을 보완하기 위한 작업이다.

그렇다면 자신의 윤리와 도덕을 가늠한다는 말에 모순이 생긴다. 이건 전반적인 소드를 이해하면 된다. 어떤 원소든 모나드는 1~10까지의 순서에서 처음 시작이다. 자신의 단점을 자신 스스로 판단하고 그것을 보완하기 위해 하는 행위가 소드+1이다. 판단된 단점이 논리적이든 아니든 상관없다. 의식을 하고 있던 것이든 아니든 상관없는 레벨이 소드+1이다.

이를 개인의 성향으로 변환하면 '자신의 단점을 절제하기 위해 노력하는 성향'으로 볼 수 있다.

펜타클+1 : 중재자가 확실한 목적이 있다.

주변에 관심이 없는 중재자가 특정 목적이 있다는 것은 굉장히 강한 사상이 있다는 것을 의미할 것이다.

생각해보자. '이래 살아도 저래 살아도 인간은 죽을 것인데…'라고 생각하는 펜타클과 같은 한량이 있다. 어느 날 이 한량이 '인간은 왜 죽지? 그럼 왜 살아있지? 산다는 건 뭐지?'라고 의문을 갑자기 품게 되었을 때, 굉장히 비판적이고 논리적인 철학 연구자가 될 것이다. 아무것도 관심이 없는 사람에게서 단 하나의 관심이 생기면 그 집중도는 매우 높을 것이다.

이것을 성향으로 생각하면 '강한 고집이 있다'로 해석할 수 있다.

슈트+2

수비학에서 숫자 2는 '디아드'이며, '호크마'이다. 디아드와 호크마는 모나드에서 정해진 확실한 목적에서 더 나아가 어떻게 이 목적을 행해야 하는지 선택하는 양상이다.

디아드와 호크마는 일반적으로 이성의 생성과 지혜의 발산이지만 인간의 내면으로 들어오게 되면 모나드 이후의 지혜이므로 실제로 보이는 감정은 '신중함'이다. 자칫 이를 회의감과 같이 느낄 수 있지만, 모나드의 힘이 너무 강하기 때문에 디아드에서부터 회의감을 제시할 수 없다. 그래서 회의감이라고 보기보다는 숨 고르기라고 표현하는 것이 더욱 옳은 표현이 될 것이고 이를 신중하지만 단순한 문제에 대한 고민으로 이해하는 것이 좋다.

완드+2 : 정복자가 목적을 행하다가 신중해졌다.

앞서 말한 정복자의 성향을 토대로 생각해보자. 완드+1을 통해서 매우 강한 에너지가 발산되던 중 잠시나마 '이성'을 되찾게 된다. 대단한 것은 아니다. 이렇게 할까? 저렇게 할까? 같은 단순 선택이다. 그러나 이런 단순 선택을 나타내는 2번의 카드들만 보면 각 슈트가 가지는 성향의 패턴을 많이 바꿔 준다.

정복자가 자신의 목적을 향해 단순 돌진하던 중 잠시 멈추고 생각을 하게 된다. 이는 단순한 자신감뿐만 아니라 타인에게 자신의 행동에 대한 조언을 듣기 위한 자세를 갖추는 중이라고 생각할 수 있다.

이를 성향으로 재해석하면 자신의 자신감을 돌발적으로 표현하기보다 한 번쯤 다시 생각하여 행동하는 신중한 자신감을 가진 타입으로 이해할 수 있다.

컵+2 : 공감자가 목적을 행하다가 신중해졌다.

순수하게 타인을 믿고 손을 내밀던 사람이 신중해지는 갈림길에 서 있다. 이는 무한에 가까운 모든 인간에게 손을 내미는 것에서 자신이 선택하여 손을 내밀겠다는 의지와 같다. 따라서 타인과 자신의 감정을 공유하고 타인의 감정을 자신에게 조응할 때 무작정 하는 것이 아니라 자신이 정말 이 사람에게 무엇인가 해줄 수 있는지 없는지를 판단하고 손을 내미는 상황으로 이해할 수 있다.

이 과정이 깊은 감정이입의 단계로 오해할 수 있다. 그러나 컵+1을 통해 단순히 공감할 자세가 된 상황에서 신중하게 고려하는 것뿐이다. 컵+2의 공감은 타인의 감정에 자신의 감정이 조응될지 확인하는 신중함이다. 이미 상대방에 대해 전부 알고 상대방에 대해 받아들이며 살아갈 준비가 된 결혼 같은 것과 비교하면 매우 가벼운 공감 수준이므로 깊은 감정교류로 오해하면 안 될 것이다.

따라서 컵+1과 같이 순수하고 무한한 사랑은 아닐지 몰라도 자신의 현실을 고려한 배려가 있는 성향임을 알 수 있다.

소드+2 : 절제자가 목적을 행하다가 신중해졌다.

타인과의 관계를 위해 자신을 혹독하게 옭아매는 절제자의 특성상 자신의 단점에 대해 확실히 인지하고 그것을 자신의 미덕으로 삼는다. 따라서 자신의 단점을 보완하는 것이 '절제자'의 목적이다. 이런 절제자가 자신의 단점을 보완하기 위한 목적을 가지고 디아드로 나아갔을 때, 자신의 단점뿐만 아니라 장점까지도 고려하게 된다. 그리고 이 사이에서 괴리감을 느낀다. '내 단점은 정말 단점인 걸까? 내 장점은 정말 장점인 걸까?'를 고찰한다.

소드+2 는 이런 괴리감을 스스로 해결하려고 한다. 그러나 이런 고찰은 객관적이어야 한다. 절제자는 자신을 객관적이라고 믿는다. 그러나 정말 객관적인 성향을 가진 자는 펜타클인 중재자이다. 펜타클 입장에서 소드는 아주 예쁘게 포장할 줄 아는 독설가로 여긴다. 이처럼 실제로 주관적인 소드는 자신이 매우 객관적인 사람이라 여겨서 자신의 고민도 스스로 해결할 수 있다고 믿고 해결하려 한다. 이런 고민에 대해서는 타인에게 조언을 구할 필요가 있다. 스스로 해결한다고 했지만 해결된 건 없는 상태가 소드+2이다. 자신에 대해 더 신중함으로써 더욱 발전된 형태가 아니라 더욱 움직이지 못하는 형태가 되는 것이다.

소드+1에서 예시를 들었던 남자아이에 관해서 이야기하자면, 이 아이는 처음에 여자에게 잘 보이기 위해서는 강해야 한다고 생각했을 것이다. 그 이유는 자신이 약하다는 것을 알고 있고 상대방은 약한 것을 싫어할 것이라는 생각 때문이다. 강해 보이기 위해 하는 행동은 실제로 여자아이를 괴롭히는 행위로 발현된다. 여자아이에게는 고통스러울 수밖에 없다. 여자아이는 울고 싫다고 소리를 지르게 될 것이다. 이때 남자아이의 심리상태는 어떻게 될까? '나는 강한 남자를 좋아할 것 같아서 강하게 보이려고 했는데 이 아이는 오히려 싫어하네. 그렇다면 약한 남자가 되어야 하나? 난 약한 남자가 되는 것이 무섭고 싫은데 그렇다면 강한 남자가 되어야 하나? 그럼 여자아이가 싫어하는데?' 이런 알고리즘이 형성된다. 자신이 장점으로 여겨야 할 부분과 단점으로 여겨야 할 부분에 대한 괴리감과 그 괴리감 때문에 마주하게 되는 사회에서의 인식의 충돌이 발생하는 것이 소드+2이다.

이런 이미지를 성향으로 해석하면 '타인에게 자신을 보여주는 것이 무서워 자신을 숨기려는 경향이 있는 사람'이라고 판단할 수 있다.

펜타클+2 : 중재자가 목적을 행하다가 신중해졌다.

중재자의 목적은 지극히 개인적인 사상에 대한 답을 찾는 것이다. 중재자의 특성상 혼자 생각하고 혼자 결정하며 혼자 이겨내는 것이 미덕이다. 그런데 자신이 생각하게 된 사상을 고집스럽게 혼자서 해결하려다 보니 부하가 걸린다. 답을 못 찾는 것이다. 왜냐하면, 자신이 내린 사상의 답을 자신이 내리게 되면 정답밖에 나올 수 없지 않겠는가. 이것이 정답인지 아닌지 확실히 해야 하는 중재자는 펜타클 2구간에서 소통을 시작하게 된다.

앞서 다른 슈트들도 그랬지만 정말 대단한 소통은 아니다. 결국 자기 생각과 비슷한 생각을 가진 사람에게 자신의 의견이 맞지 않냐고 물어보는 정도의 소통과 신중함이다.

이런 개념을 개인의 성향에 비유해 해석하면 '자신과 맞는 타입의 인간들과 소통하는 것을 더욱 편하게 생각하는 성향을 지닌 사람'이라고 판단할 수 있을 것이다.

슈트+3

숫자 3은 '트라이어드'와 '비나'이다. 모나드에서 시작한 점은 디아드에서 선이 되고 트라이어드에서 도형으로 힘으로 깨기 어려운 '형태'가 만들어진다. 따라서 안정적인 숫자다. 숫자 3을 슈트에 넣을 때 단순히 안정하다고 생각하지 말고 모나드와 디아드를 통해 불안정했던 것이 안정해졌다고 이해하는 것이 더욱 올바른 해석으로 가는 길이다.

이것이 숫자의 점진성이다. 트라이어드가 갑자기 툭 튀어나온 것이 아닌 충분한 과정과 에너지 소비를 통해 만들어지는 과정이 있었고, 그 과정의 산물이라는 점을 주목해야 한다. 트라이어드와 비나는 특별한 특성이 있는데 이는 디아드와 호크마를 견제하는 에너지를 가지고 있다는 점이다.

쉽게 말하면 디아드가 아무리 선을 수백 수천 개를 뻗어도 그중에 트라이어드가 만들어지는 비율은 상대적으로 적을 수밖에 없다. 조금 더 생각해보면 트라이어드가 디아드보다 우선시 된다. 앞서 말한 디아드와 호크마가 '신중함'이었다면 이 신중함 이후에 결정되고 만들어진 결과가 트라이어드와 비나이다. 말하자면 디아드와 호크마가 뻗어내는 두 개의 선택 중 하나만 선택되어 트라이어드가 된 셈이다. 즉, 1/2 확률로 만들어진 트라이어드이기 때문에 트라이어드가 엄밀히 말하면 디아드의 갑이 된 셈이다.

어머니와 아버지를 생각해보자. 아버지가 아무리 용돈을 올려달라고 여러 가지 행동으로 어머니를 유혹하지만, 어머니가 원하는 행동 단 하나만 제대로 하면 용돈은 올라간다. 이처럼 결정권은 트라이어드에 있고 반대로 말하면 트라이어드가 만들어졌다는 것만으로 다시 디아드의 고생을 하지 않아도 된다는 이야기다.

이를 결국은 '안정감'이라는 단어로밖에 말하기 어려운데 단순한 안정감만으로 생각하지 말아야 한다.

완드+3 : 정복자가 목적을 행하다가 신중해졌는데 해결되었다.

정복자의 강한 진취적 성향으로 특정 목적을 단순하게 해결하려는 것이 아니라 여러 가지 방안과 대책을 세운 뒤 결실을 보았다는 의미다.

이 정복자는 자신의 아이디어와 진취적 행동의 장단점을 트라이어드에 와서 깨닫게 된다. 디아드 당시에는 모르던 걸 디아드가 얼마나 중요한 것인지 결과를 보고 나서야 깨닫는다. 그만큼 앞만 보고 달리는 성향 때문일 터. 어찌 됐든 이 정복자는 자신의 목적을 위해 자신의 에너지 말고도 타인의 의사와 에너지가 매우 중요하다는 것을 깨닫게 된다.

이를 개인의 성향으로 변환하면 '타인의 의견을 수렴할 줄 아는 젊은 리더십'으로 이해할 수 있다.

컵+3 : 공감자가 목적을 행하다가 신중해졌는데 해결되었다.

공감자의 목적인 타인에 대한 사랑 그리고 디아드를 통해 그 사랑이 모든 인간에게 진중하게 배분될 수 없다는 것을 깨닫고 현실을 바라보고 자신이 해줄 수 있는 것과 없는 것을 구분하였으며, 이 과정이 단순하게 완성된 형태를 말한다.

모든 이들에게 친절을 베풀고 싶다고 생각한다고 불우한 환경을 가진 나라에 막대한 돈을 기부할 수 없을 것이다. 그렇게까지는 못하더라도 내 주변 이웃들에게나마 작은 성의와 사랑을 주자고 마음을 먹은 그것까지가 디아드의 결정이며, 실제로 행하고 보람을 느낀 상태가 트라이어드이다. 이로써 컵+3을 가진 자는 특별한 공감하게 된다.

자신이 주기만 했던 배려를 자신도 돌려받는 기분을 느끼면서 자신의 미덕이 최상으로 올라가는 기분을 느끼게 된다.

이를 개인의 성향으로 변환하면 '배려를 통해 사람과 소통할 수 있는 능력을 갖춘 성향'으로 판단할 수 있다.

소드+3 : 절제자가 목적을 행하다가 신중해졌는데 해결되었다.

디아드를 통해 자신의 장점과 단점에 대한 괴리감에 빠져 고립되었던 절제자는 트라이어드에 도달해서 자신의 장단점에 대해 스스로 결론을 내린다. 그러나 '모나드-디아드-트라이어드'라는 주관적 영역에서 대중적인 객관성을 찾지는 못한다. 역시 트라이어드로 해결이 되었다는 것도 모순이 된다. 즉 자신의 장단점에 대해서 스스로 결론은 내리지만 그것은 자신이 생각한 장단점에 지나지 않고 결국 고쳐지거나 변한 것은 하나도 없게 된다. 남는 것은 변화가 아닌 시간을 투자해서 자신의 부족한 점만 확인한 것 밖에 안 된다. 다만 절제자는 이렇게 자신의 부족함을 명확히 하여 더더욱 사회에서 자신의 행동과 생각을 구속하고 절제자로서의 완성형태를 가지게 된다. 다음의 예시를 보자.

소드의 모나드 : "난 약하기 때문에 강하게 보일 거야!"
소드의 디아드 : "강하게 보이니까 싫어하던데… 이것이 맞나?"
소드의 트라이어드 : "아 …. 내가 했던 행동은 상대방을 괴롭히는
행동이었구나."

위처럼 모나드에서 만들어진 자신만의 사상적 발상이 트라이어드에 도달하면 자신의 의도와 다른 형태로 발산됨을 깨닫는다. 소드가 외부에너지로 표현될 때는 자신 스스로 부정적이지 않지만, 내부에너지로 표현될 때는 '단점'을 우선하여 찾는 성질을 가지기 때문에 트라이어드가 매우 부정적으로 확정되어버리는 경향이 있다.
이를 개인의 성향으로 해석하면 '자신을 감추려 하고 주눅 들어있는 성향, 자신감 없는 사람'이라고 해석할 수 있다.

펜타클+3 : 중재자가 목적을 행하다가 신중해졌는데 해결되었다.

중재자의 목적은 자신이 가진 사상의 발현이고 이것에 의문을 품는 과

정을 통해 자신과 다른 사상에 대한 대립을 이해하게 되고 수용 및 배척을 능동적으로 하게 된다.

중재자의 특성상 디아드와 같이 불안정한 에너지 안에서도 안정감을 찾게 된다. 쉽게 말하면 '줄 수 있는 건 주고, 받을 건 받고'와 같은 말 그대로 상호관계의 영향을 보여준다.

디아드에 흔들리지 않는 이유는 중재자의 원소가 땅이기 때문이고 땅의 원소의 개성인 시야가 넓은 점이 이에 영향을 준다. 중재자의 트라이어드는 이런 중재자의 교류를 고정화하는 역할로 변질된다. 이는 마치 수학 문제를 풀어낸 학생이 자신의 풀이가 맞는지 틀리는지 몰라서 선생님께 여쭤보고 자신의 풀이가 독특하지만 틀리지 않았다는 것을 확정받는 것과 같다. 확정이 되었다는 건 이 학생 처지에서는 이 풀이 방법이 효율적이진 않아도 사용해도 된다는 판결을 받은 것과 같을 것이다.

여기까지 생각해보면 중재자의 특성은 이미 확정된 답을 실제로 이게 맞는지 검토하는 과정과 비슷하다. 개인의 성향으로 변환하면 중재자의 트라이어드와 같은 자기 생각의 확신을 가진 패턴의 성향을 보여줄 것이다. 자기 생각을 확신했다는 것은 자신이 궁금해서 타인에게 확인했던 것처럼 타인의 생각도 수용할 자세가 되어있다는 것을 말한다. 모나드 때의 성향과 꽤 많이 바뀌게 된 것이다.

따라서 '타인의 의견을 수용할 줄 아는 사람. 단, 지성의 교류에만 해당함'이라고 생각해볼 수 있다.

슈트+4

숫자 4는 '테트라드'와 '헤세드'이다. 지금까지 모나드에서 트라이어드로 만들어왔던 순수한 결과물을 이제 대외적으로 사용해야 하는 에너지에 도달했다. 트라이어드 이전의 성향은 '완드=정복자', '컵=공감자', '소드=절제자', '펜타클=중재자'로 설정했지만, 테트라드부터는 이들이 진화하게 된다. 왜냐하면, 이 시기는 단지 자신의 목적만을 관철하려 하는 병아리가 아니기 때문이다.

완드의 정복자는 트라이어드까지 진행하여 '리더십'을 배웠다. 따라서 완드는 정복자에서 '관리자'로 진화한다.

컵의 공감자는 트라이어드까지 성장하며 타인과 원활한 소통을 할 수 있는 능력을 갖추게 된다. 따라서 컵은 공감자에서 '소통자'로 진화한다.

소드의 절제자는 트라이어드까지 진행하여 자신의 부족한 점을 명확하게 인지하고 깨닫게 된다. 자신을 절제하는 것을 넘어서 자신을 스스로 몰아세우게 된다. 그래서 테트라드에서 절제자는 '패배자'로 진화한다.

펜타클의 중재자는 트라이어드까지 자신이 만든 아이디어를 안정화하고 확정받아왔다. 즉 최초 목적인 타인의 행동에 대한 비판에서 시작한 중재의 목적이 실제로 완성되고 표현해도 된다는 것을 깨닫게 된 상태이다. 본격적으로 이 중재자는 타인들에게 중재를 발산할 것이다. 따라서 중재자에서 '비판자'로 진화한다.

다른 책이나 정보를 통해 숫자 4에 대한 수비학을 공부하다 보면 반드시 보게 되는 수식이 하나 있다. 그것은 '3+1'이다.

테트라드는 3인 트라이어드에서 만들어진 것을 본격적으로 '다른 세계'로 끌어와서 사용하게 되는 에너지의 시작이다. 앞으로 다른 숫자들도 마찬가지로 숫자 3으로 끊어져 새로운 패턴의 성질로 진화 및 변화하게 된다. 타로에서 핍 카드 4뿐만 아니라 3으로 끊어진 뒤에 나타나는 7인 헵타드, 10인 데카드를 새로운 세계로의 진입으로 판단하고 이들 숫자의 앞에서 만들어졌던 3의 배수들을 전부 가진 상태로 이해해야 한다.

따라서 테트라드를 다른 말로 이해하면 '트라이어드+모나드'로 이해할 수 있다. 이미 만들어진 결과물을 '새로운 목적을 위해 사용'한다.

완드+4 : 관리자의 목적

정복자였던 완드 1~3까지의 에너지는 자신에게 타인이 필요하며 자신의 의지만으로 모든 것을 해결할 수 없음을 알게 되는 에너지이다. 그리고 '리더십'이라는 스킬을 얻었고, 그 스킬을 사용하기 위해 정복자는 자신에게 필요한 사람들을 모아서 자신의 곁에 두려고 한다. 이를 오해하게 되면 마치 이기적으로 강제 징용하는 듯이 이해될 수 있지만 '자신에게 필요하다'라는 것은 상대방도 정복자를 '자신에게 필요하다'라고 이해관계가 형성되어 있는 상태를 말한다. 이런 이해관계는 각자 자신이 안전한 곳에 있기를 무의식중에 바라기 때문에 성립한다.

애초에 정복자는 자신의 이기적인 강한 에너지가 단점이라는 것을 깨닫고 있다. 이것이 단점이라는 것을 알기 때문에 선천적인 성향인 이기적인 진취력은 고칠 수 없어도 최대한 이타적인 행동으로 자신을 만들어야 한다는 것을 매우 잘 알고 있다. 따라서 강제노역과 같은 패턴은 완드에서 나오기가 어렵다.[5] 이 정복자는 이처럼 타인의 의사를 받아들이며 동시에 자신의 목적을 진취적으로 해결해 나가는 데 집중한다. 마치 왕권의 형성과 같다. 자신에게 모이는 사람 그리고 자신이 필요한 사람을 관리하는 것이 자신의 목적을 달성하는 것에 매우 중요하다는 것을 트라이어드에서 배웠기 때문에 테트라드에서는 사람 관리를 집중해서 하게 된다.

이를 성향으로 패턴을 바꾸면 '타인에게 의지가 될 수 있는 성향, 부드러운 카리스마'와 같은 성향이 있었다고 판단할 수 있다.

컵+4 : 소통자의 목적

컵이 가진 속성은 상대방과 자신의 온도를 맞추는 게 기본이고 미덕이다. 이런 속성을 가진 컵이 트라이어드까지 가게 되면서 점차 자신이 할 수 있는 선에서 자신의 미덕을 실현하는 것을 배우고 깨닫는다. 그러나 반대로 말하면 이는 자신이 하고자 하는 행위에 대한 절제다.

컵+1에서의 목적은 모든 사람과 순수하게 자신의 온도를 맞추는 것이

---

5) 굉장히 이기적인 패턴으로 강제노역과 같은 강압적 행동은 소드 5에서 나온다.

었다. 그것이 현실적으로 불가능했기에 디아드에서 가벼운 교류라는 명분을 내세워 실상은 자신만을 위한 제한을 걸어둔 것이고, 트라이어드에서 가벼운 터치와 같은 교류로 자신이 희생해도 될지 안 될지 판단하는 것을 넘어서 확실한 결정을 통해 자신의 희생을 감수하고라도 나아가기로 결정한다. 다시 말하자면 컵의 모나드는 순수한 감정 교류로의 열망이었고, 사실 이 열의가 타인에게 어떻게 비춰질지 두려워하고 거리를 두려는 것이 디아드이며, 이 디아드를 이성적으로 판단하여 두려움을 넘어서는 것이 트라이어드다. 컵은 디아드에서 트라이어드까지 가는 길에 상처가 가장 많다. "매번 '썸'만 타다가 차이는 것"이 디아드에서 트라이어드로 가는 상황이다.

공감자 입장에서는 현실과 타협하는 형태에 대해 만족감과 비례하여 회의감도 갖는다. 그래서 테트라드에 올라선 공감자의 선택은 단순히 자신이 할 수 있는 범위를 넘어선 다양한 곳으로 자신의 가치관을 해소하려고 한다. 자신의 범위 안에서 공감하던 사람이 자신의 범위 밖에서까지 공감하려고 하는 '소통자'가 된다.

컵의 테트라드가 보여주는 가장 대표적인 형태는 봉사 활동을 하는 사람이다. 자신의 가족과 친구들 친인척에게는 충분히 자신이 공감하고 돌볼 수 있게 되었다. 그러나 그것으론 부족하다고 스스로 느끼게 된다. 지금까지 겪어보지 못했던 새로운 세상에서도 자신의 공감 능력을 발휘하고자 하는 무의식이 작용하게 된다. 물론 소통자가 된다고 해서 자신이 최초에 바랐던 만인을 보살피는 것은 불가능하다. 그리고 현실을 파악한 뒤이기 때문에 자신이 하고자 하는 것이 어쩌면 무모한 일이 될 수도 있고 정말 가치 있는 일인가에 대한 의구심도 든다. 그렇지만 하게 되는 게 소통자의 목적이고 행동이다.

다른 각도로 바라보면, 마치 연애에 미쳐있는 인간처럼 보일 수 있다. 건강한 형태는 봉사활동을 하는 사람이지만 트라이어드를 넘어서 테트라드인 소통자로 올 때까지의 환경과 경험에 따라 불건강한 형태를 띠게 될 수 있는데 이때의 형태가 '만인의 연인' 즉 연애를 하고 싶어 미쳐있는 사람이 될 수 있다. 타인에게 자신의 능력과 멘탈을 희생하여 봉사하는 것이 아니라 자신의 몸과 얼굴, 돈으로 그들을 위해서가 아닌 자신을 위해 봉사 당해주길 바라는 형태가 될 수 있다.

이런 컵+4를 개인의 성향으로 변환하면 '다소 억지스럽게 사람 관계를 좋게 만들려는 성향'이라고 판단할 수 있다.

소드+4 : 패배자의 목적

소드는 트라이어드까지 자신에 대해 꽤 자세하게 파악한 상태일 것이다. 절제자는 자신을 너무 절제한 나머지 어떤 행동을 해도 스스로를 신뢰할 수 없게 된다. 자신을 신뢰할 수 없기 때문에 사회와 소통이 어려워진다. 지속적인 고립으로 피폐해진 상태의 표상이 패배자이다. 이 때문에 패배자에게는 자신을 치유하는 것이 목적이 된다. 이때부터 소드의 성향은 자신만을 위한 세계에 갇힌다. 그 세계는 굉장히 달콤하다. 왜냐하면, 나만을 위한 세계이기 때문이다.[6] 그 세계를 지키는 것이 패배자의 목적이고 절제자였던 자신을 점차 버리려고 노력하게 된다.

쉽게 이해하기 위해 남자아이를 생각해보자. 이 남자아이는 비로소 자

---

6) 이 시점은 흥미롭게도 펜타클+1의 상황과 비슷하다. 그러나 펜타클이 가지는 방향과 소드가 가지는 방향이 달라서 소드의 펜타드가 펜타클의 디아드와 같아지진 않는다.

신이 했던 행위에 대한 반성을 트라이어드에서 하게 된다. 그러나 성숙한 사람들도 자신의 잘못을 인정하고 반성하며 앞으로 나아가기 위해 애쓰는 것을 힘들어하는데 이런 반성을 처음 겪는 아이에게는 지옥과 같은 경험이 될 것이다. 자신에 대한 불만족, 어떤 행동을 해도 상처가 될 수도 있다는 두려움, 그리고 지금까지 타인들이 자신을 어떻게 봤을지 생각하면 정말 창피하고 고통스러울 것이다. 소드+4의 형태가 나타나는 시기가 일반적으로 사춘기와 같이 자신이 사회의 패배자라고 생각하기 때문에 자신을 고립시키고 사회를 회피하려 한다.

이런 형태를 외부에서 보면 매우 고립되어 있고 답답해 보이는 느낌이다. 특히 완드+4의 입장에서 소드+4를 돌보려고 노력하지만, 실제 이를 돌볼 수 있는 건 펜타클+4이다. 따라서 관리자는 패배자를 어떻게든 성공시키게 만들고 싶지만, 실제 이 패배자는 채찍질을 해주는 비판자에게 감화한다. 이것이 선망 시스템이다.

이런 현상을 개인의 성향으로 변환하면 '겁 많고 무기력한 성향을 지닌 사람'이 된다.

펜타클+4 : 비판자의 목적

중재자는 깔끔하게 자신이 원하는 바를 트라이어드에서 얻어냈다. 본래 펜타클의 성향은 다소 불편하고 악한 이미지를 가진다. 마치 자신의 말이 맞고 너의 말은 틀리다는 자세처럼 보인다. 그러나 중재자는 절대 악의를 가지지 않는다. 만약 중재자에게 '너는 왜 상대방의 말을 너만의 생각으로 받아들이고 말을 나쁘게 하느냐?'라고 묻는다면 단호하고 단

순하게 이렇게 대답할 것이다. '내 말이 맞잖아?'

이것이 겉으로 볼 때는 악의가 있는 듯 보이지만 실제론 정말 이 성향을 지닌 사람은 진심으로 이것이 바르다고 생각해 합리적인 조언을 해준 것뿐이다. 컵인 공감자가 본다면 경악할 일이다. 특히 테트라드까지 진행된 펜타클의 인간은 디아드에서 걱정되었던 것이 해결된 것이기에 중재의 역할에 더더욱 박차를 가하게 된다. 이렇게 해서 자신의 머리에 있는 비판적 의식을 여과 없이 드러내는 형태로 발현된다. 따라서 매우 고집스러운 인상과 자신밖에 모르는 사람으로 오해하기 쉽다.

명심해야 할 것은 펜타클+4가 고집스럽긴 하지만 자신밖에 모르는 것이 아니다. 오히려 박애주의에 가깝다. 단지 표현하는 방식이 비판적일 뿐이다. 쉽게 생각하면 공감자의 발전형태인 소통자를 어설프게 따라 하는 형태라고 생각하면 좋다.

이를 개인의 성향으로 변환하면 '참견과 간섭이 많지만, 자신은 그런 걸 받기 싫어하는 성향'으로 판단할 수 있다.

슈트+5

숫자 5는 '펜타드'와 '게부라'이다. 테트라드까지 왔으면 왠지 좀 더 발전된 형태가 될 것 같지만 인간은 그렇게 쉽게 발전하지 않는다.

트라이어드를 만들어서 희열과 결과물을 얻은 성과가 사전에 있었기 때문에 트라이어드 이전의 디아드가 얼마나 중요한지 알고 있고, 그래서 그것이 자신을 더더욱 제대로 만드는 과정이라고 착각을 한다.[7] 그래서 테트라드에서 발생한 모나드를 여러 개 만들어낸다.

다시 말하면 진화된 상태에서 하나의 목적만 가지고 차례로 목적을 이루어 나아가는 게 아니라 여러 개의 목적을 만들어 두고 여러 개의 디아드를 방대하게 만들어내는 형식이다. 마치 분산투자와 같다.

처음 투자에서 재미를 본 사람은 그 재미를 잊지 못한다. 분명 그 투자의 성공은 '운'이 따랐던 것인데 자신이 마치 제대로 투자한 것 같이 착각하게 되어 여러 군데에 아무 생각 없이 투자하여 결과물만을 기다린다. 이런 형태가 실제 인간에게 존재하는 펜타드 단계이다.

수비학 설명에서의 펜타드는 꽤 긍정적인 형태로 서술했지만 그건 펜타드가 우주에 존재할 때이다. 인간이라는 작디작은 그릇을 가진 티끌에

---

7) 착각이 아니라 자연스러운 현상일 수도 있지만 나는 되도록 단일 슈트와 섞인 펜타드는 피할 수 있으면 피하는 것이 좋다는 주의이다

펜타드는 사치이며, 감당할 수 없는 격한 포스이다. 그러나 불굴의 종족인 인간은 자신도 펜타드를 이루고 싶어서 애를 쓴다.

될성부른 사람은 펜타드를 잘 다룬다. 안될 사람은 펜타드를 과감하게 포기해야 하는데 그것이 쉽지 않다. 만약 펜타드를 잘 다루는 인간이 있다면 이 책을 보고 있는 모든 사람이 이름만 들어도 알만한 '그 사람들'이다. 쉬운 예가 대통령쯤 될 것이다. 5천만 대한민국 인구에서 4년에 한 명만 가질 수 있는 자리이다. 5천만 명이 전부 될 수 없다. 그것이 펜타드다. 그렇다고 대통령이 안 되리라는 법은 없다.

그러므로 될 사람은 펜타드를 잘 다루고 잘 다루면 엄청난 에너지와 지식을 얻게 된다. 반대로 안 될 사람은 되도록 이것에 집착하지 말고 다음 단계인 헥사드로 넘어가는 것이 오히려 자신의 삶에 이익이 된다. 쉽게 말하면 대통령이 될 수 없으면 투표권으로 권력 행사를 하라는 것이고 연예인이 되기 힘들다면 자신의 끼를 다른 곳에 풀고, 재벌이 될 수 없으면 지식을 쌓아서 자신을 키우는 방법도 있다는 것이다.

그래서 펜타드 자체는 '완성'에 가깝고 제일 가시적인 신의 형태이다. 이것이 인간 내부에 잠재하면 무리한 욕심을 부리게 된다. 따라서 펜타드를 '욕심'으로 생각하면 된다.

완드+5 : 관리자가 계획 및 사람 관리(목적)에 대해 욕심을 부린다.

테트라드에 의해 자신이 관리할 수 있는 그룹이 발생하고 자신의 아이디어를 가시화할 수 있는 최적의 상태를 만들게 된다. 여기서 이 관리자는 단지 자신의 목적만을 관철하고 정복자의 디아드에서 깨달은 대로 주변을 신뢰하고 자신을 신뢰하면 된다. 그러나 여기서 욕심이 생긴다. '더욱 많은 사람이 옆에 있으면 더욱 발전하지 않을까?', '더 열심히 내가 사람들에게 조언을 구하고 받으면 발전하지 않을까?', '내 목적을 이제 밀고 나가기 쉬워졌으니까 마음대로 해도 좋지 않을까?', '내가 주변에 두고 있는 사람이 정말 믿어도 되는 사람들인가?' 이런 생각과 심리 변화를 중첩하여 일으키는 것이 펜타드의 악영향이다. 이렇게 욕심과 의구심이 들게 되면 반드시 이전에 보여주지 않았던 돌발적인 행동을 하거나 무리한 수를 두게 된다. 그렇게 되면 테트라드에서 만들어뒀던 자신의 측근들과 이해관계가 틀어진다. 당연히 서로에 대한 오해가 쌓이고 생각이 달라지며, 이는 점차 집단의 균열을 일으키게 된다.

이를 개인의 성향으로 변환하면 '자격지심이 있고 돌발적인 성향'이다.

컵+5 : 소통자가 사람들의 케어(목적)에 대해 욕심을 부린다.

소통자 또한 테트라드에서 좀 더 넓은 범위에서 많은 사람의 감정을 받아들이려는 목적이 생긴다. 소통자가 가지는 펜타드의 욕심은 이렇다. '이곳에 가서 봉사 활동해야지. 응? 여기도 힘든 사람이 있네? 아…. 저 사람도 힘들어하는구나…. 아니 갑질이라니? 저런 사람을 국가에서 왜 가만둬? 시위에 참석해야겠다.' 관리자의 욕심이 정신적 스트레스로 잠식시키는 형태라면 소통자의 욕심은 자신의 몸을 혹사하는 방향으로 간다. 이곳저곳 자신을 필요로 할 것 같은 곳이 너무 많이 보인다.

관리자와 마찬가지로 디아드를 통해 얻은 트라이어드를 잊어버린다. 컵에서는 디아드를 통해 타인에게 자신의 감정을 쉽게 줘도 될지 안 될지를 가늠하고 감정 교류를 통해 옳고 그름을 확인하는 작업을 진행한다. 이후 트라이어드를 통해 이것들에 얽매이지 않고 자신이 할 수 있는 것에만 최선을 다하며 절제된 감정교류를 권고 받고 깨달았을 것이다. 그러나 이 트라이어드는 테트라드를 거쳐 회의감이 발생하며 신뢰를 잃게 되고 펜타드에 와서는 절제하면 안 되겠다고 확신하고 다시금 디아드와 같이 수많은 감정 교류의 늪으로 빠지게 된다.

트라이어드의 위험한 점이 마약 같지만 망각하기도 쉽다는 점이다. 결국 자신이 한계가 있다는 점을 받아들이지 못하고 펜타드의 늪으로 빠져들고 자신을 망가트리게 된다. 기력이 쇄신하더라도 자신이 가진 돈을 희생하더라도 자신의 것을 무리하게 주려고 하는 성질을 가진다.

연애를 예로 들면, '썸타다가'(디아드) 실패한 뒤, 그래 일이나 하자(트라이어드)라고 생각했으나, 정작 주변에 아무도 없으니 이렇게 연애 안 해도 되나 싶고(테트라드), 친구와 동료는 다 연애를 하는데 나만 바보인가 싶고. 이래선 안 되겠다 아무나 걸려만 봐라 하고 순수한 목적이 아닌 자기 욕구로 변질된 감정 교류가 시작된다(펜타드).

개인의 성향으로 변환하면 '대가를 바라지 않는 과도한 친절을 가지는 성향'이다.

소드+5 : 패배자가 패배의식을 버리고 일어(목적)나려는 욕심을 부린다.

패배자의 목적은 트라이어드를 통해 얻은 결과물인 자신의 단점을 돌아보는 것이다. 괴팍하게도 이런 자기반성을 타인에게 동정받기를 바라거나 의지하길 바라는 것이 아니라 비판으로 받기를 간절히 바라는 것이 패배자의 근성이다. 그러나 인간은 비판적 성질을 가진 펜타클만 가지고 있지는 않다. 일반적으로 어렸을 때부터 컵과 같은 도덕적인 삶이 옳은 삶이고, 강해지기 위해서는 완드 같이 살아야 한다고 배운다. 펜타클의 성향이 있는 컵과 완드가 외부에서 주입될 수 있고 반대로 완드나 컵에 펜타클이 주입될 수도 있다.[8] 이처럼 막연한 비판만 가능한 순수한 펜타클을 가진 인간은 없다.[9]

소드+5는 순수 펜타클 이외에는 자신을 알아주지 못한다는 착각을 한 상태를 말한다. 여기서 말하는 욕심은 '날 좀 이해해줘', '나에 대해 몰라? 너 바보야?', '난 이렇게 힘든데 넌 왜 행복해?', '내가 바보 같아 보이냐? 응?' 등과 같이 자신을 알아주길 바라고 자신에 대해 좋든 나쁘든 특별한 평가를 해주길 바라는 데에 있다. 관리자, 소통자와 다르게 패배자에게서의 펜타드는 상대를 공격함으로써 자신을 인정하는 형태로 나타난다. 보통은 상대방의 단점을 완벽하게 찌르고 비판하는 것을 매우 어려워한다. 그것이 가능하더라도 서로에게 이득이 없으므로 '동정'이나 '침묵'으로 이 상황을 대처한다. 소드+5는 '무서운 어리광'이다. 사춘기에 생기는 중2병과 같다. 겉으로 보기엔 매우 공격적인 성향을 보여주며, 자신의 주변에 순수 펜타클이 없다는 것을 깨닫게 되면 자신이 순수 펜타클이 도리어고 억지를 부린다. 굉장히 괴팍한 성질을 가진다. 이렇게 함으로써 패배자인 자신을 스스로 인정하려고 노력한다.

이것이 잘못된 방법인 건 누구나 안다. 그러나 이것도 어찌 보면 펜타드를 피하지 못한 소드의 말로이고 자연스러운 현상에 가까우며, 실제로

---

8) 여기서 주입의 의미는 펜타클의 성향이 있는 컵 또는 완드인 사람들과 소통을 통해 배우거나 반대로 패배자에 남아 있는 완드와 컵에 펜타클을 가진 사람들이 펜타클에 대해 알려주거나 펜타클의 강점인 비판으로 이끌어가는 것을 말한다.

9) 도리어 순수 펜타클만 가진 인간이 있다면 그것도 사회적으로 문제다

주변에 많은 형태로 소드+5가 발현된다.

이를 개인의 성향으로 변환하면 '어리광이 심하고 이상한 허세가 많으며, 불필요한 승리욕이 과한 성향'이다.

펜타클+5 : 비판자가 타인에게 잔소리(목적)하려고 욕심을 부린다.

비판자 또한 펜타드의 늪에서 빠져나오기는 매우 어려운 부류다. 인간이 욕심의 동물임을 신비주의로 증명한다면 펜타드로 증명하면 될 정도로, 욕심과 펜타드의 폐해는 선명하다. 비판자의 목적은 사실 순수하고 단순하다. '틀린 것을 바로잡는다.' 이것뿐이다. 이런 단순한 목적인데도 펜타드의 영향 속에 있으면 많은 혼란이 야기된다.

재미있게도 펜타클은 혼란도 단순하고 현실적이다. '이것도 저것도 그것도 이 세상의 전부가 잘못됐어' 이것이다. '세상에 정답은 없고 자신이 사는 이 현실도 잘못된 것은 아닐까?' 하는 의문까지 품게 된다. 자신의 삶도 자신의 성질도 잘못된 것일 수도 있다는 생각까지 이른다. 그래서 자신의 주변 세상이 매우 혹독해 보이며 공포에 가득한 세상으로 변질된다. 자신이 가진 돈, 자존심, 감정을 잃었을 때보다 더 심한 상실감을 느낀다. 마치 악마들이 득실대는 세상에 착한 사람은 나밖에 없다는 착각을 한다. 소드+4의 고립된 감정과는 반대되는 형태의 고립이다. 소드+4는 자신이 나쁘다고 판단하여 자신을 가두었지만, 펜타클+5의 고립은 자신을 지키기 위해 세상으로부터 자신을 격리하려 한다.

이런 성질을 개인의 성향으로 변환하면 '반응 없고 조용하며 차가운 성향'으로 보인다.

슈트+6

숫자 6은 '헥사드'와 '티페레트'이다. 헥사드에 대해서 어렵게 이야기하면 3차원적인 방향성을 가진다고 말을 할 수 있고, 쉽게 말하면 상대적으로 '자유로운' 숫자라고 할 수 있다.

헥사드는 견고함이 장점이다. 즉 변화폭이 극히 적은 최적의 상태를 헥사드로 본다. 그런데 자유로운 숫자라는 게 무슨 말일까. 숫자는 단일 숫자로 이해하기보다 흐름으로 이해하는 것이 올바르다.

단일 숫자 6은 견고하다. 그러나 5와 7 사이의 숫자로 볼 때 트라이어드의 안정감보다 더욱 강한 안정감을 주기 때문에 펜타드에서의 고통이 있었더라도 회복할 수 있고 펜타드를 거치지 않았더라도 4에서 6으로 수용해 주기도 한다. 심지어 모나드, 테트라드에서 바로 헥사드로 안정적으로 발전될 수 있다. 이렇듯 6 이하의 숫자에 대한 수용력이 다른 숫자에 비교해 융통성 있고 원활하다. 이렇게 여유 있게 다른 숫자들의 에너지를 수급할 수 있는 이유는 헥사드 자체의 성질이 견고하기 때문이다. 그뿐만 아니라 6 이후의 숫자에도 꽤 많은 지휘력을 행사한다.

이해를 쉽게 하려면, 펜타드의 설명 '슈트+5'에서 언급됐던 트라이어드의 중독 증상을 생각해보면 된다.

3이라는 숫자가 얼마나 자신을 빛내게 해줬는지 알기 때문에 이 3이라는 숫자를 얻기 위해 수많은 디아드를 꺼내게 된다. 그래서 발생하는 오류가 펜타드의 오류이다. 헥사드는 트라이어드와 같은 중독 증상[10]으로 설명하면 약하다. 헥사드를 한 번이라도 겪은 사람은 헥사드를 '진리'로 여긴다. 중독은 해독할 수 있지만 '진리'는 그것이 맞는 길이고 인생의 중심이 된다. 이것이 3이 두 배가 된 숫자의 위력이라고 생각할 수 있다. 그러므로 6 이상의 숫자들은 6을 절대 거스를 수 없다. 숫자 3이 어머니와 같은 가족 내 권력이라면 숫자 6은 말하자면 현시대에서 최고 권력을 가지고 있는 '미국'이라고 생각하면 좋을 것이다. 6 이후의 숫자가 아무리 6보다 양적으로 크다고 해도 6이 진리가 되기 때문에 그다음의 숫자들도 6을 벗어나기 어렵다. 단, 나중에 설명하겠지만 숫자 10만은 다르다.

재미있게도 펜타드의 목적은 트라이어드를 찾는 일이다. 그런데 그렇게 고생하다가 두 개의 선이 만나서 하나의 점을 또 만들게 되면 그때 헥사드라는 더 멋진 현상이 일어나게 된다. 즉, 펜타드일 때는 볼 수 없는 세계가 헥사드이고 그보다 하위 단계인 트라이어드를 쫓기 때문에 이상한 괴리감이 발생하는 것이다. 쉽게 예를 들어보자.

'나는 배가 고프다(모나드). 영양을 섭취해야 할 것 같다(디아드). 된장찌개를 먹었다(트라이어드). 엄청 맛있었다(트라이어드의 중독). 앞으로 배가 고프면 된장찌개를 먹을 것이다. 그렇다면 된장찌개 가게를 알아둬야지(테트라드). 그런데…. 된장찌개만 먹고 살아도 되나? 다른 건 먹으면 안 되나

---

10) 트라이어드의 아름다움과 안정감에 취해있음을 중독 증상으로 표현했다.

(펜타드)? 아⋯. 근데 된장찌개보다 맛이 없으면 어쩌지(펜타드의 오류)? 어떡하지? 다른 것도 먹고 싶은데 맛없을까 봐 겁나⋯(펜타드의 오류). 친구가 갑자기 돈가스 집으로 끌고 간다. 나는 돈가스라는 걸 생각하지 못했는데 맛이 없을 수도 있지만, 그냥 먹어봐야지⋯(펜타드−)헥사드로 가는 자율 유동성). 엄청 맛있어! 된장찌개도 맛있지만, 이것도 맛있어(6번째 모나드 발견)! 아하 그렇구나! 이 세상엔 맛있는 게 참 많구나. 겁먹지 말고 일단 먹어보고 결정하자(헥사드).'

위의 알고리즘 예시를 보면 헥사드까지의 진행 과정과 앞서 말한 헥사드의 위력이 무엇인지 감을 잡을 수 있을 그것으로 생각한다. 위의 상황에서 '나'는 돈가스라는 존재 자체를 몰랐던 거다. 즉, 된장찌개라는 한식에만 얽매이는 오류를 펜타드가 계속 만들어내게 된다. 헥사드로 가는 길은 자기 생각을 스스로 깨거나 주변 사람들의 도움을 통해서 잡을 수 있다.

현대에서는 헥사드로 자신을 만드는 게 매우 쉽다. 왜냐하면, 전 세계로 퍼져있는 네트워크가 구축되어 있기 때문이다. 정보 수집은 펜타드를 없애는 데 매우 큰 도움이 된다.

완드+6 : 관리자가 계획 및 사람 관리에 대해 욕심을 부린 것을 인정하고 반성한다.

관리자가 펜타드에서 보여줬던 행동들은 자신이 중심이 되어 타인을 어떻게 만들어가야 할까 혼자서 하려는 성향으로 나타났다. 타인이 자신에게 도움이 되도록 하는 방법에 대해 주관적인 판단에 의존하는 경향이 나타나는 것이 완드+5였다면 완드+6은 자신의 행동이 타인에게 어떻게 보이는지 깨닫는 단계이다.

완드를 기반으로 컵+3의 영향력에 들어간 것으로 생각할 수 있다. 자신이 할 수 있는 것과 없는 것을 관리자인 완드는 헥사드에 와서 깨닫는다. 다시금 디아드의 상황을 상기시키고 혼자서 모든 것을 판단하려 했다는 것을 깨닫는다. 자신의 아집으로 누군가에게 버려지거나 자신 스스로 버릴 수도 있는 상황에서 타인 또한 자신과 같이 자신만의 목적과 삶을 살고 있다는 것을 알게 되고 나서부터 타인을 존중하며 자신의 길을 타인의 길과 맞춰가는 방법이 삶의 가치인 것을 알게 된다. 본래 강한 리더십과 진취력 때문에 모인 사람들은 자신의 리더가 펜타드였더라도 따라간다. 그 때문에 완드+5가 폭력적인 형태를 가지진 않는다. 언젠가는 바뀔 거라는 관리자 주변 측근들은 믿고 버틴다. 이 관리자가 헥사드가 되어 이 측근들에게 진심으로 사과하고 존중하면서 더욱 깊은 충성심이 생기게 되어 관리자가 운영하는 집단은 매우 견고해진다.

이를 개인의 성향으로 변환하면 '친절하고 인자하지만 엄할 땐 엄한 아버지와 같은 성향'으로 보인다.

컵+6: 소통자가 사람들의 케어(목적)에 대한 욕심에 회의를 느낀다.

소통자는 펜타드에서 자신의 목적을 이루기 위해 무의식적으로 자신을 혹사한다. 자신을 혹사하면서 누군가에게 봉사하고 돌봐준다는 건 쉬운 일이 아니다. 오로지 자신의 목적만 믿고 자신의 몸을 버리며 앞으로 나아간다. 아직도 내가 모르는 어려운 사람이 있는가에 대해서 계속 찾으며 자신을 버리는 단계가 컵+5였다면 어느 순간 다른 상황도 있음을 깨닫게 된다. 어려운 상황에 처한 낯선 사람을 찾는 것만 생각하다 보니 도움을 줄 수 있는 아는 사람을 놓치고 있는 자신을 보게 된다.

공감자일 때의 디아드에서 트라이어드로 발전하며 감정을 절제하고 막연하게 타인만을 위하는 것에 경각심을 가지게 되고, 자신과 자신의 가족들을 챙기는 것을 배웠다. 그러나 소통자로 오고 펜타드로 발전하면서 점점 과거의 것을 잃고 있었다는 것을 깨닫는다. '아. 내 옆의 것도 챙기지 못하면서 무슨 사람을 위해 산다는 것인가'를 깊게 깨닫고 반성한다. 이 역시 트라이어드의 중독에 의한 펜타드 오류가 해결된 헥사드 형태이다.

공감자 때 깨달았던 자신의 위치와 능력을 다시 점검하고 사랑과 보살핌에 대한 가치관을 다시 재구축 한다. 펜타드로 어마하게 넓혀진 필드를 정갈하고 깊게 자신의 범위로 축소한다. 그리고 그 안에서 최선을 다하는 것이 올바른 삶이라는 것을 깨닫게 된다. 지금까지 자신이 버려왔던 것을 다시 초심을 가지고 가꾸려 하는 형태가 컵의 헥사드이다.

이를 개인의 성향으로 변환하면 '진정한 의리가 무엇인지 아는 사람으로 자신 품에 있는 사람을 확실하게 챙길 줄 아는 성향'이다.

<u>소드+6</u> : 패배자가 자신의 패배의식을 버리고자 폭력을 행사하다 고립된다.

패배자는 펜타드에서 말도 안 되는 어리광으로 주변을 힘들게 했다. 한

마디로 이 어리광을 축약하면 '날 알아줘'다. 당연한 이야기지만 나 자신을 완벽하게 알아주는 사람이 세계에 존재할까? 나는 그렇게 생각하지 않는다. 애초에 날 알아달라는 요구는 잘못된 요구이다.

패배자는 펜타드 상태일 때 주변에 불필요하게 대항을 많이 한다. 폭력적이며 직선적인 형태를 가진다. 이 행위를 할 당시에 패배자는 자신이 옳다고 믿고 행동한다. 즉, 나 자신을 누구도 알려 하지 않는다고 생각하고 열등의식에 빠져 이기는 것에만 집중하는 형태이다.

패배자의 헥사드는 특별한 계기에 의해 만들어진다. 그 계기는 '나를 아무도 몰라주는구나…. 그렇다면 나는 나를 아나? 나를 알아주는 사람이 정말 없는 걸까?' 이 하나의 물음이 펜타드였던 자신을 깨부순다. 인제야 자신 자신을 깨닫는 행동이 선행되어야 한다는 것을 알게 된다.

패배자의 헥사드는 중재자의 트라이어드 시점이다. 소드를 경멸하는 펜타클이 소드가 헥사드가 되었을 때 비로소 눈길을 주게 된다. '쯧쯧 이제 알다니 멍청한 것'이라는 눈빛을 보내게 된다. 소드는 자기 자신을 아주 잘 알고 있다고 절제자 시절부터 굳게 믿는다. 왜냐하면, 자신의 장단점에 대해 잘 파악했다고 여기기 때문이다. 그러나 스스로의 아집에 묶여 있음을 생각하지 못한 것이 자신을 여기까지 몰아넣게 된 것이다. 결국 자신을 파악하지 못한 꼴이기 때문에 계속해서 열등감으로 빠져들 수밖에 없었고 그 때문에 그 누구도 아닌 자신 스스로가 자신을 버리고 있었던 것이었다. 이를 깨달은 패배자는 비로소 자신을 알기 위한 노력을 하게 된다.

자신의 근성은 아직 패배자이지만 패배라는 단어에 얽매임을 당하지 않는다. 아직도 자신을 알아주지 못하는 사람에 대한 불필요한 배신감을 느끼고 있지만 적어도 자신 스스로는 자신을 버리지 않겠다는 다짐을 한다. 내 편이 아무도 없었던 상황에서 나를 봐줄 수 있는 내 편이 생긴 것이다. 비록 그 마저도 자신의 머릿속으로 상상하고 판단 한 내편일지라도 말이다. 사실 소드 입장에선 이처럼 행복한 일이 없을 것이다. 누구나 당연하게 했던 것을 헥사드가 만들어준 것이다. 이것 또한 트라이어드의 중독에 의한 펜타드 오류가 가져온 망상을 해결하는 헥사드이다. 아직은 갈 길이 멀지만, 앞으로의 길은 타인을 공격하는 행위와 폭력으로 자신의 감정을 해소하지 않게 될 것이다.

이것을 개인의 성향으로 변환하면 '불안감을 보이고 소극적이지만 주변에 피해를 주지 않으려는 성향'이다.

펜타클+6 : 비판자가 타인에게 잔소리하기 위해 욕심을 부렸고 이를 요령 있게 대처하는 방법을 깨달았다.

비판자는 펜타드의 오류를 겪어도 기죽거나 회피하지 않는다. 펜타드에서 자신 이외의 것들이 모두 잘못되었다고 판단을 내렸더라도 안정을 찾아간다. 그 안정이란 '세상이 모두 잘못되었으면 싹 다 수정하면 되지'라고 단순하게 생각하고 접근한다. 물론 펜타드의 오류를 깨부수는 것은 비판자여도 쉽지는 않다. 하지만 비판자는 계산이 빠르므로 다른 속성보다도 쉽게 답을 찾는다. 자신이 세상을 수정하면 된다는 결론을 내렸더라도 '어떻게?'라는 의문과 현실에 부딪힌다. 이 '어떻게?'를 해결하기 위해 시간이 꽤 오래 걸릴 수도 있지만, 매우 단순하게 해결한다. 세상의 오류가 발생한 원인과 오류에 대한 수정을 조사하고 그 일련의 과정을 계산하며 정리한다. 이 과정은 이미 비판자가 중재자의 초기에 겪었던 알고리즘을 그대로 가져다 쓰게 된다. 그렇게 되면 단 하나의 결론이 나온다. 세상의 오류와 수정의 중심에서 공통으로 작용하고 있었던 것은 '이익'이라는 것을 깨닫는다.

신의 아들이라 불리는 교황도 세계를 정복한 정복왕도 아주 아름다운 절세 미인도 아주 똑똑한 철학자도 자신들만의 '이익'을 위해 움직인다. 비판자는 세상을 움직일 수 있는 건 '이익' 밖에 없다는 것을 깨닫는다. 펜타클의 헥사드는 '이익'이다.

자신이 아무리 자신의 올바른 철학과 사상을 설파해도 세상은 들은 척도 안 한다. 그런데 올바르지 않은 철학인데도 이익이 되면 세상은 매우 흥미롭게 듣는다. 따라서 자신의 철학이 이익이 될 수 있다는 것을 설파하면 될 것이라 깨닫는다. 비판자는 자신이 세상을 바꿀 수 있다는 것을 깨닫는다. 그리고 그 중심에는 '돈'이 필요하다는 것을 알게 된다.

이것을 개인의 성향으로 변환하면 '이해관계가 뚜렷하고 호불호가 확실한 성향'으로 이해할 수 있다.

슈트+7

숫자 7은 '헵타드'와 '네자'이다. 지금까지의 원소들은 헥사드를 거치고 새로운 모나드인 숫자 7에 도달함으로써 다시금 진화한다. 1~3까지는 개인 중심의 캐릭터이고, 4~6까지는 집단 중심의 캐릭터. 7~9로 들어서면서 세상 중심의 캐릭터로 변모한다. 완드의 관리자는 '왕'으로 진화한다. 컵의 소통자는 '교황'으로 진화한다. 소드의 패배자는 '은둔자'로 진화한다. 펜타클의 비판자는 '상인'으로 진화한다. 이를 현대적 의미로 보면, 관리자는 대통령, 소통자는 UN, 패배자는 교수, 비판자는 기업으로 볼 수 있다. 트라이어드에서 자신을 깨닫고 헥사드에서 가치관을 형성한 이들은 이 가치관을 가지고 세상에 뛰어든다. 그때 나타나는 새로운 목적들과 시나리오는 위의 진화 캐릭터와 비슷한 느낌을 준다.

여기엔 선천적 성향과 후천적 성향이 있다. 선천적인 건 절대 변하지 않는다. 즉, 트라이어드의 중독을 이겨냈다고 해서 그것을 절대 버리진 못한다. 자신이 헥사드로 가치관을 형성했다고 해도 본연의 캐릭터는 버리지 못한다. 인간은 쉽게 변하지 않는다. 쉽게 말하면 제일 앞선 캐릭터인 정복자, 공감자, 절제자, 중재자의 캐릭터를 가지고 있다는 말이다. 헥사드에서 만들어진 가치관을 토대로 이들은 진화하고 새로운 목표를 향해 달려가기 시작한다.

숫자가 발견되면서부터 고대문명[1]은 급격하게 발전했다. 문헌에 따르면 숫자의 발견은 단지 이해관계를 위해 만들어진 하나의 표지였다. 언어의 발견으로 의사소통을 할 수 있게 되고 기록을 할 수 있게 되었으며, 숫자의 발견으로 언어의 기록을 '어떻게' 해야 할지 제시하는 지침이 되었다. 이 방법론은 측량기술과 건축양식의 발전을 불러왔으며, 인류가 알고자 하는 모든 궁금증을 숫자로 대입하여 그 이치를 파악할 수 있음을 깨닫게 되었다.

자연의 이치를 4원소라고 부른다면, 그 4원소의 이치를 파악하고 논증하는 방법을 수비학이라고 볼 수 있다. 수비학의 정의와 발전에 크게 기여한 사람은 기원전 500년 그리스 철학자 피타고라스였다. 수비학은 수학과 별개로 취급되고 있는데, 수학과 수비학은 같은 뿌리에서 시작했다. 목적이 다를 뿐 같은 맥락과 같은 이야기를 다른 표상으로 나타내는 것이다.

나는 이 개념을 통해 전반적으로 수비학이 지배하고 있는 타로의 구조를 수학으로 설명할 수 있는지 그 방법론을 모색했지만 쉽지 않았다. 실제 '대수학'이라는 학문으로 이미 문자 수학(논리)의 풀이 방법이 고안되어 있지만 신비주의 철학에 대한 대수학은 없는 것으로 보인다.

수비학은 기하학으로써 점성학 이론의 한 축을 이루고 있어 서양 오컬트뿐만 아니라 문화적, 종교적, 과학적으로 매우 뿌리 깊게 자리하고 있다.

---

1) 기원전 8000년 전 메소포타미아의 수메르인이 최초로 숫자를 발견한 것으로 알려졌다.

수비학의 역사

메소포타미아의 하층민들이 셈을 하기 위해, 또 그 내용을 전달하기 위해 일찍부터 수학에 대한 개념을 사용했는데 이것이 본격적인 수학의 시작이라는 설이 있다. 그러나 근거가 될 만한 문서나 기록이 부족하다. 어쩌면 다른 문명으로부터 배운 것일지도 모르는 일이다. 일반적으로는 수학은 기원전 3000년 이집트 문명에서 시작되었다는 설이 받아들여지고 있다.[2] 사실 수학의 기원을 따지고 들면 기원전 3만 년 전 구석기 시대 것으로 추정되는 눈금이 새겨진 늑대 뼈로부터 고찰해야 할 것이다. 그러나 이 책의 목적은 어디까지나 타로이기 때문에 수학 자체를 이해하고 인용하는 건 이집트 수학부터 알아가도 충분하다고 생각한다. 다시 이집트 문명으로 돌아가 보자.

기원전 2700년경 이집트에서는 365일 달력이 만들어졌고, 피라미드가

---

2) David M. Burton, (2011), 'The History of Mathematics - an introduction', Americas, New York, NY 10020, The Mc-Graw-Hill Companies, Inc.

건설되었다. 이후 메소포타미아의 바빌로니아인들에 의해 설형문자가 개발되었고 수메르인들에게 전해져 경제 활동에 필요한 문서 제작 및 계산에 사용되었다. 바빌로니아인은 수학사에서 매우 중요한 위치에 있다. 피타고라스의 철학과 지식은 바빌로니아인에게서 왔다고 해도 과언이 아닐 정도로 바빌로니아인들은 숫자에 대한 이해와 연구를 활발히 했던 것으로 보인다. 기원전 500년 피타고라스학파가 생기고, 기원전 300년 그리스 수학자 유클리드에 의해 수학에 관련된 포괄적인 논문이 제시되었다.

이렇게 고대의 수학사를 살펴보는 이유는 피타고라스의 행보 때문이다. 우리가 타로에서 사용하는 수비학은 피타고라스 수비학이 기본 틀이며, 현대 타로에 적용되는 게마트리아 수비학(Gematria Numerology) 또한 피타고라스의 수비학의 개념을 알고 접근해야 한다. 피타고라스 수비학은 다른 그리스 철학자에게 큰 영향을 미쳤고, 특히 카발라에 영향을 많이 주었다.

유클리드의 기하학 논문들이 나온 시기와 비슷한 시기인 서기 300년 게마트리아를 이용해 만들어진 '세페르 예트지라(Sefer Yetsirah)'가 등장해 카발라의 출현을 알리게 된다. 세페르 예트지라는 창세기에 나타난 하나님의 열 가지 모습과 22개 히브리 알파벳의 관계를 설명하며 카발라의 신비로움을 전하는 문서이다.[3]

---

3) 피타고라스 수비학은 각 숫자에 의미를 부여하였고 그 숫자에 해당하는 알파벳을 배치하여 숫자를 통한 단어의 의미를 전달하는 연구를 진행하였다. 이는 히브리어를 사용한 수비학 체계인 게마트리아와 매우 흡사하며, 연구 및 발전된 시기상 피타고라스학파가 먼저 연구를 시작했으며 게마트리아와 피타고라스의 연관성은 여러 문서에서 종종 발견되기도 한다.

피타고라스

피타고라스(기원전 582년경 ~ 기원전 497년경)는 이오니아의 그리스 철학자이자, 피타고라스학파의 교주이다. 피타고라스에 관해 알려진 정보가 대부분 그가 죽고 수 세기 후에 쓰인 것이라서 신뢰할 수 있는 정보가 매우 드물다. 종종 '수학의 아버지'로 불리는 피타고라스는 "세상은 숫자의 힘 위에 세워졌다"라는 말을 신봉했다. 그는 우주의 근본은 수학이라고 제안했다. 그는 우주 자체가 수학이라고 단정 지었고 우리가 만약 이 놀라운 것을 깨닫는다면 자신의 인생을 놀랍도록 잘 제어할 수 있을 거라고 말했다.[4]

피타고라스는 사모스섬에서 태어났으며, 멜기세덱 신전에서 공부했고, '하나님의 아들'로 알려지게 되었다. 피타고라스는 100년의 긴 인생을 살았으며 결코 늙어 보이지 않았고 젊고 강한 이미지를 가졌다고 한

---

4) Keller, J. and J. Keller (2001). The complete book of numerology. New York. St. Martin's Griffin.

다.[5] 피타고라스는 이스라엘에서 랍비들에게 가르침을 받았고 페니키아와 시리아에서 아도니스의 신비를 배웠다. 그는 그리스 철학자들에게서 배울 수 있는 모든 것을 배웠다. 또한, 조로아스터교에 입단해서 그들과 같이 공부도 했다. 기원전 530년 즈음, 피타고라스는 남부 이탈리아의 크로토네[6]로 이동하여 종교적인 학파를 세웠다. 피타고라스의 제자들은 피타고라스가 개발한 종교적 의식과 훈련을 수행하고 그의 철학 이론을 공부했다. 그리고 역사상 최초의 대학인 피타고라스 대학을 설립하고 숫자의 진동에 대한 비밀을 가르쳤다.[7]

"특정 기호를 명상할 때 우리에게 그 자체가 드러날 것이다. 상징은 보편적 영혼의 언어다."

이것이 피타고라스가 그의 학교에 들어갈 수 있는 조건으로써 이해를 요구한 내용이다. 이들의 공부 방식은 주어진 특정 상징에 대해 말한 다음 그들이 고찰한 의미를 토론한다. 이들이 학생으로 받아들여지기 전에 피타고라스는 숫자가 살아있는 질적 현실이라고 알리고 단지 양을 나타내는 것이 아닌 영혼의 진동을 말하는 것이라 가르쳤다.[8]

피타고라스학파는 크로토네의 정치에도 적극적으로 간섭했는데, 이는 결국 그 자신의 몰락을 불러왔다. 피타고라스학파가 모이던 건물은 방화 됐고 피타고라스는 도시를 떠날 수밖에 없었다. 그는 말년을 메타폰

---

5) Lawrence, S. B. (2001). The secret science of numerology : the hidden meaning of numbers and letters. Franklin Lakes, NJ, New Page Books. p.49.
6) 크로토네(Crotone) 이탈리아 남부 칼라브리아주에 있는 도시로 알려져 있다.
7) Lawrence, S. B. (2001). The secret science of numerology : the hidden meaning of numbers and letters. Franklin Lakes, NJ, New Page Books. p.50.
8) Lawrence, S. B. (2001). The secret science of numerology : the hidden meaning of numbers and letters. Franklin Lakes, NJ, New Page Books. p.24.

툼[9]에서 보냈다고 한다.

피타고라스는 최초의 순수 수학자라는 평을 받았다. 그는 그리스의 사고방식으로 훈련받았고 이 세상 모든 면에 대해서 매우 관심이 높았다. 그를 추종하는 자들은 피타고라스의 영향을 받아 종종 혁명을 일으켰고, 기하학, 대수학, 음악, 음향학, 천문학, 문학, 종교, 마법 등의 뛰어난 업적들을 남겼다. 피타고라스는 현실주의자였고 우주에 대한 근본적인 질서가 존재한다고 믿었다. 이 질서는 숫자가 통제하고 있고 숫자가 그 본질을 구성한다고 여겼다.[10]

---

9) 이탈리아 남부 타란토 서쪽에 있던 고대 그리스의 도시.
10) Keller, J. and J. Keller (2001). The complete book of numerology. New York, St. Martin's Griffin.

수비학에서 수의 개념

피타고라스학파 수비학에서 숫자의 개념은 신비주의적 특성을 가진다고 여겨왔고, 그렇게 사용되고 있다. 이런 문화는 행운과 불행을 구분하는 형식으로 분류하여 문화적 형태로 제안되고 사용되기도 한다.[11] 아리스토텔레스는 "피타고리안[12]에 의하면 모든 것과 모든 것이 끝, 중간, 시작 3가지로 정의된다. 이 모든 것의 수와 화음의 수는 3으로 정의된다."라며 피타고라스에 대한 인식을 밝혔다.

피타고리안에 의하면 처음 4개의 숫자 (1+2+3+4)의 합이 10이며, 그 측면의 길이가 3단위인 정삼각형으로 상징된다고 했다. 이를 "테트락티스(Tetractys)"라 불렀다. 피타고라스는 점, 선, 삼각형, 사면체의 영역을 측정하였고, 7이라는 숫자를 위험한 숫자로 여겼다. 그리고 7이 들어간 날

---

11) 홍수빈, (2010), "易學 啓蒙을 통해 본 易의 '數' 개념과 수비학(numerology)" 한국동양 철학회. 東洋哲學. 第33 輯. p223~246.
12) 피타고라스의 사상과 이념을 이어받은 사람들을 일컫는 말.

짜는 모두 위험한 날이라고 가르쳤다. 그뿐만 아니라 7로 나눈 숫자를 모두 비판적으로 생각했다. 피타고라스의 정의란 삼각형의 경우 긴 면의 길이 제곱은 짧은 면의 제곱 합과 같다는 정의이다.[13]

피타고라스와 프톨레마이오스[14] 같은 철학자들은 12황도가 가지는 3개의 얼굴(머리, 배, 꼬리)에서 인간이 태어난다고 여겼다.[15]

고대의 철학자들에 의해 숫자는 계산을 위한 것을 넘어 철학적 개념들로 발견되고 연구됐다.

피타고라스학파 사람들은 숫자를 이용한 철학 놀이를 만들었고, 플라톤의 수학적 견해를 더욱 널리 알렸다. 이는 교육용 철학 지침일 뿐이었으며, 철학 체계로 인정받지 못하여 숫자를 이용한 철학들은 마법적 요소로서의 개념만 남게 되었다. 플라톤은 온 우주가 영혼에서 창조되었고 영혼을 통해서 삶을 살아간다는 것을 믿었다.

네오피타고리안(Neopythagorean)[16]에 속해 있는 수학자인 니코마쿠스(Nicomachus, 서기100~200년)는 플라톤이 생각한 신의 형태를 고찰했고 수학과 함께 이 관념을 풀어나갔다. 그는 피타고라스와 마찬가지로 숫자 1이 수학의 기본이라고 여겼다.[17] 이 부분이 중요한 이유는 피타고라스의 수비학과 네오피타고라스의 수비학은 미묘한 차이가 있고, 그 때문에 타로에서의 수비학이 혼란스럽게 사용되고 있기 때문이다. 타로에서의 수비학적 정의를 위해서는 피타고라스 수비학과 네오피타고리안의 수비학 분류가 정확히 이루어져야 한다.

13) Keller, J. and J. Keller (2001), The complete book of numerology, New York, St. Martin's Griffin.
14) 천동설을 주장한 그리스의 철학자.
15) John Scott Lucas, (2003), Astrology and Numerology in medieval and Early Modern Catalonia, LEIDEN-BOSTON, BRILL, p133.
16) 피타고라스학파의 유지를 이어 숫자의 신성함을 연구하는 현대 학자들을 네오피타고리안이라 부른다.
17) Lawrence, S. B. (2001), The secret science of numerology : the hidden meaning of numbers and letters, Franklin Lakes, NJ, New Page Books, p47.

피타고라스와 네오피타고리안의 뿌리에 해당하는 개념은 일치한다고 볼 수 있으며, 이는 네오피타고리안의 현대적 점술로 주목받는 '생일 수'와 타로의 조응이 가능할 수 있다는 것을 시사한다. 타로에서 '생일 수'를 배척하는 것은 무지한 것이고, 그렇다고 논리적 근거 없이 '생일 수'를 타로에 무리하게 조응하는 행위 역시 기만이 될 수 있다.

피타고라스 수비학에 관한 서적 대부분은 생년월일의 합수와 이름의 합수를 통해 특정인의 점복을 검사하는 방법으로 제시된다. 이 방법론은 수비학이 맞으며, 이를 네오피타고리안의 수비학이라고 부른다. 그러나 타로에서 사용하는 수비학은 이 수비학과 미묘한 차이를 보여준다. 생일에 의한 숫자 합수는 카발라에 따른 히브리어 조합체계를 따른다.[18] 타로 또한 히브리어 조합체계를 가지기 때문에 비슷한 맥락으로 이해할 수 있다. 그러나 생일이라는 고정된 콘텐츠를 다루는 합수와 변화하는 콘텐츠를 다루는 타로의 합수는 좀 더 면밀한 조정이 필요하지만 그에 관한 연구는 명확하게 진행이 되고 있진 않다.[19]

이 두 가지의 수비학을 구분 지어야 하는 이유는 네오피타고리안에 의한 수비학 체계는 말 그대로 '수비학'이기 때문이다. 타로는 수비학을 인용했을 뿐 수비학 자체가 아니다. 따라서 피타고라스의 수비학의 기본적인 개념을 가져와 이해를 시작해야 한다.

골든 던 이전의 클래식으로 분류되는 타로의 경우는 네오피타고라스의 영향을 받았기 때문에 수비학 체계를 따라가는 것이 맞다. 그러나 골든

---

18) Lawrence, S. B. (2001). The secret science of numerology : the hidden meaning of numbers and letters. Franklin Lakes, NJ, New Page Books, p158
19) Mary Katherine Greer. (1987). Tarot constellations patterns of personal destiny, a NEWCASTLE BOOK, 에서 이미 연구가 진행되었고 꽤 흥미로운 결과를 보여주었다. 그러나 이 책에 나와 있는 생일 수와 타로의 매치는 허점이 많고 허술한 카발라 체계를 가지고 있다. 따라서 아직 논리적인 생일 수 타로 매치 연구가 진행된 대외적 논문과 저서는 확인할 수 없었다.

던 이후에 나온 타로의 경우는 헤르메틱 카발라의 수비학[20]을 사용하므로 에서 나온 타로 또는 골든 던의 이치를 따라가는 덱이라면 합수론을 직접 사용하면 곤란하다.[21]

---

20) 피타고라스에서 네오피타고리안으로 진화된 학문이 '수비학'이고 피타고라스와 플라톤의 철학을 신학을 이해할 수 있도록 개편한 것이 '카발라'이며 타로는 이런 카발라를 다시 개편한 '헤르메틱 카발라'를 중심 시스템으로 인용하고 있으므로 네오피타고리안의 수비학과 역사와 흐름 시스템에 미묘한 차이가 있으므로 사용할 때에는 주의가 매우 필요하다.

21) 웨이트 클론 덱으로 불리는 웨이트의 그림과 사상을 그대로 본떠 만든 덱들이 성행한다. 그 덱들을 다룰 때 어떤 시대의 수비학을 사용했는지 확실히 파악해야 한다. 그뿐만 아니라 현대 계열과 클래식 계열의 복합적인 시스템을 구축하려는 욕심에 괴상한 덱들도 현대에 만들어진 것도 많다. 따라서 작가의 정보를 확실히 공부하여 작가가 추구하는 철학 시스템을 파악하는 것이 타로를 잘 사용하는 데에는 유리하다. 그러나 어떻게 만들어졌든 그 뿌리는 4원소 4문자 수비학 세피라로 이루어져 있다는 것에는 변함이 없다.

수비학

"세상 만물은 숫자로 표현할 수 있으며, 숫자로부터 태어났다."

피타고라스는 위와 같은 말을 남겼다. 피타고라스에 따르면 모든 만물의 이치는 1~9의 숫자로 설명과 표현을 할 수 있고 이해할 수 있으며 심지어 이 개념에서부터 만물이 만들어졌다고 한다. 이해하기에 따라서 이 말은 참이 될 수 있고, 거짓이 될 수도 있다. 세상을 둘러보면 1~9의 숫자의 상징적 의미를 통해 의도하지 않아도 발현되어 있는 형태를 종종 목격하게 되며, 이 의미를 의도적으로 이용하려는 사람들도 많이 있다.

신호등을 예로 들어보자. 신호등은 교통통제를 위한 방안으로 1920년대 미국에서 처음으로 특허가 발의되었다. 이 신호등의 본질적인 의미는 '이동수단의 통제'이다. 신호등의 조명 개수는 3개이다. 이 조명 색(초록, 노랑, 빨강)이 의미하는 바는 진행-주의-정지이다.

첫 번째(숫자 1) 조명인 초록은 '너는 자유로우니 이동해도 된다.'라는 의미의 명령 기표이다. 두 번째(숫자 2) 조명인 노랑은 '너 이외의 누군가가 나타날 수 있으니 주의하여라.'라는 의미의 명령 기표이다. 세 번째(숫자 3) 조명인 빨강은 '다 같이 정지하시오.'라는 의미의 명령 기표이다.

신호등의 수비학은, 숫자 1은 개인의 의사를 존중한다는 의미가 있다. 숫자 2는 개인 이외의 타인의 의사가 개입될 수 있음을 말한다. 숫자 3은 개인과 타인 모두가 지켜야 하는 규칙을 명령하는 것이다.

피타고라스가 말하는 숫자 3은 1과 2를 거친 소단위에서의 완성형 숫자를 말한다. 신호등의 존재 목적은 숫자 1에서도 2에서도 달성되지 않고 3에서 달성된다. 그러나 이 숫자 3은 1과 2가 없었다면 이뤄질 수 없는 숫자이기도 하다. 생각해보라. 진행 명령이 없는 통제 기표가 수많은 도로에 존재한다고 할 때 그것은 도로라는 사회적 산물의 사용처를 제한하는 기표가 되기 때문에 부정적 존재가 되어버린다. 실제로 자동차 운행 중 '공사중' 표기로 도로가 제한당할 때 교통체증이 일어나게 된다. 이처럼 순서 없는 숫자가 세상의 발현할 때, 그 의미는 세상의 입장에선 이질적 물질이 되어버린다.

삶에서 우리는 숫자 순서로 살아갈 수 없고 모든 만물이 숫자 순서로 만들어질 수는 없다. 숫자의 순서는 자연의 이치일 뿐 본래 자연을 파괴하는 데 그 목적을 두고 있는 인류라는 이물질은 이런 숫자의 순서를 파괴하며 자신의 이익을 추구한다.

숫자의 순서는 세상을 아름답게 가꾸기 위한 순번이며, 자연스러운 세상의 이치이다. 이 숫자의 순번은 항상 작은 것에서 큰 것으로 이동하려는 성질을 가지며[22] 이 성질은 극단적으로 제한(制限)하거나 극단적으로 증폭(增幅)시킬 수는 있지만, 중간에서 끊어버리진 못한다. 인간은 이 순서를 어떻게든 자유자재로 다루고 싶어 했다. 그러나 인간의 능력으론 그것이 불가능하다는 것을 깨닫고 증폭과 제한을 통해 이해하고 이용하려고 한다.

증폭의 기능은 대표적으로 건축물에서 나타난다.

'정사각형의 땅 위에 3층으로 건물을 쌓아 올리고, 2짝으로 이루어진 여닫이 창문을 한 층에 8개씩 달고, 5개의 침실과 7개의 화장실을 구조화한다. 올라가는 계단은 9칸씩 3층으로 만든 뒤, 1개의 대문을 달아 두며, 건물의 꼭대기는 1점으로 모이게 만들어 완성한다.[23]'와 같이 숫자의 의미를 복합적으로 연계해 사용하며 그 의미를 증폭시켜 새로운 것을 창조하는 데 그 의의가 있다.

제한의 기능은 대표적인 것이 바로 문자다. 문자는 수많은 표상을 표현하기 위해 만들어진 인류가 약속한 하나의 도구이자 기표이다. 수많은 표상을 전부 다른 단어로 사용하는 것은 불가능한 일이다. 모든 표상이 전부 다른 단어로 사용된다면 의사전달을 위한 도구로 만들어진 언어가 오히려 의사전달을 방해하는 수단으로 작용하게 된다. 그래서 문자를 구성하는 요소가 필요하다. 한글에서는 자음과 모음, 영어에서는 알파벳이 바로 그 구성 요소에 해당한다. 자연의 이치대로라면 숫자는 무한대로 커지고 그 숫자에 해당하는 문자를 만들기 전에 문자를 구성하는 구성품이 셀 수 없이 많아지게 될 것이다.[24] 알파벳은 26의 숫자까지

---

22) 숫자 1에서 9까지 차례로 이동하려는 성질을 가짐

23) 예시를 위해 개인적으로 만든 건물양식이다. 말하고자 하는 건 이렇듯 숫자 증폭을 사용한 건물 증축이 가능하다는 이야기를 하고 싶었고, 각 숫자를 자유롭게 변형하여 자신만의 철학을 표현할 수도 있다.

24) 대표적으로 한문이 있다. 현재까지 자세해진 않지만 약 10만여 글자가 있고 아직도 밝혀지는 중이다.

만 제한을 두고 그 개수의 의미를 깊게 두고 있다.

앞서 예시로든 신호등도 제한의 기능 중 하나이다.

3개가 아닌 4개가 될 수 있고 5개가 될 수 있고 6개가 될 수 있다. 물론 2개, 1개로 제한할 수도 있다. 그러나 3개로 제한했을 때 신호등의 목적에 제일 부합되는 숫자였기 때문이다.

가끔 4개로 된 신호등도 있는데, 통제를 적극적으로 하기 위해 '추가'로 또 다른 신호를 넣은 것이다.[25]

이처럼 피타고라스가 말하는 숫자의 이념은 만물을 이해하는 척도가 될 수 있기도 하고 만물을 창조할 때 또한 사용할 수 있기도 하다.

---

25) 물론 다섯 개짜리 신호등도 존재한다. 이때 5라는 숫자를 생각하며 신호등의 개념을 이해해보면 이 신호등의 목적과 숫자 5의 연계가 매우 잘 맞아떨어진다는 것을 알 수가 있을 것이다.

카발라의 수비학

히브리 신학 카발라의 '세피로트(Sephiroth)'는 일종의 수비학으로 볼 수 있다. 세피로트는 피타고라스 수비학과 같은 의미가 있는 듯 보이지만 내포된 의미로 살펴보면 다른 부분이 많다.

피타고라스 수비학이 인간 외부의 흐름과 외적인 창조력을 발생시키는 역할에 관련된 개념이라면, 세피로트는 인간 내부의 흐름과 내적인 정신력을 보존하고 사용하는 개념이다. 내부에서 일어나는 에너지의 흐름은 1에서부터 9의 숫자까지 순서대로 움직임을 보인다.

피타고라스 수비학에서 숫자의 순서는 만물이 움직이고 행동하는 순서를 가리킨다. 세피로트의 순서는 인간의 심리적 선택에 따른 변수를 각 숫자의 균형으로 이해할 수 있도록 만들어진 시스템이다. 세피로트와 피타고라스 수비학을 지하철로 예를 들어 본다.

피타고라스 수비학은 운행되는 전철과 같다. 정해진 레일 위를 달린다. 첫 번째 칸부터 아홉 번째 칸까지 순서대로 이어져 있고 이는 연료만 충분하다면 지속해서 움직일 수 있다. 그러나 만약 달리는 전철 중 하나의 차량이 레일을 벗어나거나 사라졌을 때 이 전철은 전복하거나 기능을 멈출 우려가 있다. 피타고라스 수비학은 그 순서에 의존적인 형태를 가진다.

세피로트는 지하철의 정거장과 같다. 각 정거장은 노선 순서대로 이어져 있지만 하나의 정거장이 폐쇄된다고 해서 전철이 움직이지 않는 것은 아니다. 세피로트의 숫자는 존재 여부가 유동적이며 순서에 비의존적일 때도 왕왕 있다.

타로를 해석할 때 피타고라스의 수비학으로만 하면, 중간중간 차량이 빠진 것처럼 위화감 있는 전철을 보는 것과 같다. 굉장히 난해할 뿐만 아니라 타로의 전반적인 형태가 무엇인지 감을 잡기 어려워진다. 그러나 세피로트로 해석하게 되면 전체 형태에서 무엇이 부족한지 무엇이 필요한지 무엇이 과하게 움직이는지 무엇이 움직임을 방해하고 있는지를 판단할 수 있다. 마치 어떤 역에는 사람이 많이 쏠리고, 어떤 역에는 사람이 적어서 운영 폐쇄를 걱정해야 하는 것을 알 수 있는 것처럼 말이다. 각자 자신이 가진 개성과 질문에 따른 상황을 해결하려는 심리적 움직임과 그 변화를 세피로트의 해석을 통해 가늠할 수 있다.

정확히 말하면, 숫자의 기초 개념을 토대로 도구로서의 타로가 존재하기 위한 기준선으로써 작용하는 것이 피타고라스 수비학이며 타로 해석에는 수비학보다 세피로트를 사용하는 것이 수월하다. 실제로 타로는 세피로트의 사용을 유도하는 기표로써 상징과 이미지를 표현해 놓은 것이다.

타로에서 수비학의 사용처를 명확히 해두어야 한다. 부엌칼을 다루는 게 아니다. 타로는 사람을 죽일 수도 있는 흉기와 같은 도검이다. 수비학만으로 타로를 한다는 것은 운명을 가르는 도검을 부엌칼의 용도로만 쓰는 것과 같다.

세피로트는 1부터 9까지의 숫자로 이루어진 수비학과 달리 10이라는 숫자도 포함된다. 엄밀히 말하면 수비학에도 숫자 10은 포함되지만, 다음 세계의 시작점으로써의 숫자의 의미로 '초월적 형상'을 의미한다. 세피로트에서의 숫자 10은 말쿠트로 불리며 '실체가 존재하는 세계'로 표현한다.

카발라의 중요성

히브리 신학인 카발라는 피타고라스 수비학보다 200여 년 후에 유대인
들에 의해 제시된다. 히브리 신학에 따른 수비학이 피타고라스 수비학의
확장된 개념이라고 생각한다. 실제 역사적으로도 히브리인들이 피타고
라스를 가르쳤지만, 후엔 피타고라스의 철학을 도리어 자신들이 배운다.
피타고라스 수비학과 카발라 수비학을 굳이 구분하는 이유는 우리 타
로 계가 피타고라스 수비학에 너무 깊게 빠져 있기 때문이다. 타로를 쉽
게 접했던 사람들은 수비학이라는 단어가 접근하기 좀 더 쉬워 보일 것
이다. 실제로 실천적 마법 의식을 하는 타로 제작자 집단에서나 카발라
이야기가 나온다. 문제는 너무 많은 사람들이 이런 집단의 타로를 구매
하여 사용한다는 점이다. 실제로도 그 집단에서 만든 덱들은 신묘하고
영험하다. 무시할 수 없는 힘을 가지고 있다.
수비학에 대해서는 인지하려고 노력하는 만큼 카발라의 수비학에 대해

서도 관심을 크게 기울여야 한다. 단언컨대 카발라는 종교색이 강하지만 흔히 알고 있는 종교와 신학만으로 단정 지을 수 없는 논리적인 학문이다.

크로울리와 웨이트를 생각해보자.

크로울리의 경우는 저서의 절반이 카발라의 설명과 그것의 연계를 설파하고 있고, 웨이트는 대중성을 노렸기 때문에 타로에 관련된 책에는 아주 간단하게 카발라를 언급했지만, 이 작가 또한 다른 책을 통해 강력한 카발리스트임을 주장한다. 또한 우리가 사용하는 대부분의 타로 덱은 웨이트에 기대고 있다. 유니버설 웨이트, 스미스 웨이트, 라이더 웨이트를 사용할 것이고 그에 흡사한 덱들을 사용할 것이다. 좀 더 다른 개성 있는 덱을 사용하려 해도 결국 크로울리가 제작한 '토트 타로 덱(Thoth Tarot)' 계열일 뿐이다. 우리는 권위자인 웨이트와 크로울리의 타로 매트릭스의 개념 안에서 벗어나기는 어렵다. 이 두 사람이 제시한 시스템인 카발라는 매우 중요할 수밖에 없다.

핍 카드의 수비학 이해

핍 카드에서 수비학은 다음의 세 가지의 개념으로 이해할 수 있다. 이 세 가지 개념들을 기반으로 숫자의 특성을 살려 하나의 '생각'을 만들고 그 생각은 하나의 '개념'을 만들게 된다. 그 개념을 전달하기 위해 '상징'을 사용하고 그 상징을 그려 넣은 것이 '핍 카드'다.

수비학적 개념

수비학의 신념은 '모든 만물은 숫자로 표현할 수 있다.'이다. 수비학의 창시자 피타고라스의 주장인 이 문장은 환경의 흐름, 생태계의 원리, 진화의 원리, 경제의 원리, 창조의 원리 등 인간을 기준으로 외부의 환경 자체를 숫자로 표현할 수 있다는 개념이다. 이를 이해하기 위해선 각각의 숫자에 어떤 비의적(秘儀的) 개념[26]이 있는지 숙지할 필요가 있다. 그 후 특정 주제를 잡아 그 주제를 중심으로 숫자의 의미와 함께 고찰하는 것이 수비학의 기초 공부이다.

핍 카드의 경우 임의의 주제를 선정하여 수비학의 개념을 통해 이해할 수 있다. 예를 들어 '물'의 원소와 흡사한 '연애(戀愛)'를 주제로 할 때를 설정해보자.

> "나는 남자이다.(1) 오늘 여성을 만났다.(2) 함께 식사하러 갔다.(3) 식사 중 이런저런 대화가 오갔고(4) 서로 생각은 달랐지만, 목적은 같다는 것을 알았다.(5) 다음에 다시 만나자고 요청했다.(6) 여자는 승낙했고(7) 나는 연애를 할 수 있는(8) 기회를 얻었다.(9) 다음에 만나면 고백해야겠다.(1+0)"

위와 같이 주제를 통해 '상황'의 흐름을 읽을 수 있다. 물의 원소와 흡사한 연애를 주제로 했으므로 핍 카드에서 컵 카드들의 기본적인 흐름과 흡사하다. 이처럼 수비학을 통해 핍 카드를 이해할 수가 있다.

카발라의 개념

상술했던 것 같이 카발라는 타로에서 빠질 수 없는 학문이다. 기본적인 개념은 4원소 수비학과 다르진 않지만, 이해하는 방법은 차이가 있다.

---

26) 비의적(秘儀的) 개념 : 특정 사상이나 상징, 주제를 중심으로 창시자가 그 안에 숨겨놓은 의미

수비학은 인간을 기준으로 환경의 흐름을 읽는 데 주력한다면 카발라에서의 수비학은 인간을 기준으로 심층 심리, 내면의 흐름을 읽는데 특화되어 있다. 수비학은 숫자 순으로만 읽지만, 카발라는 숫자의 순방향[27], 역방향[28]으로 읽을 수 있고 '생명의 나무(Tree of Sephiroth)'를 통해 다양한 방향으로 숫자의 방향성을 읽을 수 있다.

수비학은 사람들이 쉽게 받아들이지만, 카발라는 어렵게 받아들이는 이유가 기초적인 부분에서 자유도가 높기 때문이다. 정해진 방향이 뚜렷하지 않기 때문에 쉽게 받아들이기 어렵다. 그뿐만 아니라 히브리이라는 쉽게 접할 수 없는 언어체계로 이루어져 있으므로 이해가 느리고 힘들 수 있다. 그러므로 접근하기 쉬운 수비학과 비교 대조하여 사용하는 법만 안다면 정말 재미있게 이해할 수 있고 이를 이용한 타로 해석을 무난하게 할 수 있다.

카발라로 핍 카드를 이해하는 방법은 수비학과 같다. 단, 앞서 말했듯 인간을 기준으로 내면 심리를 중심으로 시점을 이동해야 한다.

수비학의 예시와 같이 '물'의 원소와 흡사한 연애를 주제로 할 때, 순방향으로만 생각해보면 다음과 같다.

> "나는 연애를 하고 싶다.(1) 그래 이성을 만나러 가자.(2) 난 그(그녀)를 만났고 함께 하고 싶어졌다.(3) 못난 나라도 그(그녀)에게 잘 보이고 싶다.(4) 그(그녀)와의 대화는 즐거웠으나 말실수할까 조마조마했다. 모자라 보이면 안 되고 그렇다고 너무 강한 주장은 분위기를 망칠 수 있을 것 같아 조심했다.(5) 생각보다 조심을 잘한 것 같다. 상대방이 즐거워 보인다.(6)

---

27) 낮은 숫자에서 높은 숫자 순서대로 이해하는 방법
28) 높은 숫자에서 낮은 숫자 순서대로 이해하는 방법

다시 만나자고 해도 될까…(7) 다음에 또 보자고 말했다. 아…. 창피하다…. 상대가 승낙은 해줬지만, 왠지 내가 민망해할까 봐 승낙해준 것일지도 모른다.(8) 잡생각 하지 말자 어쨌든 기회다.(9) 다음에는 좀 더 재미있는 얘기와 코스를 준비해서 나를 마음에 더 들게 만들어야겠다.(10)"[29]

수비학의 개념과 흐름은 같지만, 시점이 다르다. 이 또한 핍 카드의 컵카드들의 흐름과 같다. 수비학으로 이해한 흐름은 다소 타로에 있는 내용과 미묘하게 매치가 잘 안 되는 부분이 있을 것이다. 이를 히브리 신학인 인간의 내면의 흐름과 '같이' 합쳐서 핍 카드를 보면 세밀하게 이해가 할 수 있게 된다.

수학적 개념

숫자는 보편적으로 '양(量)'을 나타낸다. 숫자의 크기를 말하며 숫자가 점점 커질수록 그 숫자가 가지는 의미의 크기는 점점 커지게 된다. 이 '양'의 의미는 수비학에서 일반적이지만 중요한 개념이다. 가령 1+2라는 수식이 있을 때, 우리는 3이라는 숫자를 바로 떠올릴 수 있다.

1이라는 숫자의 크기에 2라는 숫자의 크기가 더해지면서 3이라는 숫자의 크기에 도달한 것이다. 이 개념을 상식으로 알고는 있지만 깊게 고찰하는 경우는 드물다. 수학적 개념은 그 이외에 다른 개념들을 '운영(運營)' 하기 위한 시스템이다.

---

29) 핍 카드들 중 컵1~컵10까지의 흐름을 생각해보자

수비학에서의 1 그리고 2의 개념을 합했을 때 3의 개념이 되는 이유는 이런 '양'의 개념을 가진 수학적 개념을 운영한 결과물이다.

수비학의 1은 남성, 나, 창조라는 의미가 있다. 여기에 2의 의미인 여성, 너, 평형, 대립의 의미를 '더하면' 남성+여성=결혼, 자식, 나+너=우리 등 3의 수비학적 개념을 도출할 수 있다.

이 개념의 중요성은 3이라는 숫자가 1과 2를 더했는데도 불구하고 나타나지 않았을 때다. 이 경우 1과 2만을 보여준다면 3의 개념은 보이지 않기 때문에 3의 숫자가 쉽게 부정당할 수 있다.[30]

숫자가 보여주는 의미는 우리가 접하고 있는 일상생활을 표현해주는 것과 같다. 숫자로는 1+2=3 이 당연하게 받아들이지만, 이것을 일상생활에서 숫자가 아닌 상황으로 주어지게 된다면 사람은 혼동하게 된다.

수비학을 공부하고 숙련될 수 있도록 이해하며 훈련하는 이유는, 일상에서 보고 느끼는 부분을 상징화, 기표화 하고 그것을 다시 재해석하면서 새로운 상황 또는 자세한 상황을 볼 가능성을 만들기 위해서다. 수비학을 수학적 개념으로 이해한다는 것은 이처럼 일상의 모든 상황을 숫자가 가지는 표상으로써 의미를 단순하게 받아들여 사용하는 방법론을 말한다.

카발라의 개념을 수학적 개념으로 운용하는 방법은 수비학을 운영하는 것과 차이가 있다. 수비학은 숫자의 양을 수학으로 간단하게 접근하여 풀어낼 수 있다. 그러나 카발라의 숫자는 앞서 말한 것과 같이 인간의 내면에 존재하는 숫자의 표상이기 때문에 숫자가 가지는 양으로 특정하기 어렵다. 카발라를 수학적 개념으로 운용하기 위해서는 숫자의 '양'

---

30) 일반적으로 1+2=3이라고 교육받았기 때문에 3의 숫자는 쉽게 도출되지만, A라는 사람과 B 하는 사람이 더해졌을 때 C 하는 상황을 도출하는 것에 대해서는 부정하기 쉽다는 의미이다.

적 의미가 아닌 '순서'의 의미로 이해하는 것이 옳다.

수비학이 1+2=3이라면 카발라의 숫자는 첫 번째+두 번째=세 번째 와 같이 순서의 의미로 이해되어야 한다. 숫자가 순서가 되면서 연결이 되는 '경로'가 생긴다. 첫 번째부터 열 번째까지 순서에 경로가 생성되면 그 순서들이 직렬 구조가 아닌 병렬구조가 된다.

예를 들면 첫 번째인 숫자 1이 세 번째인 숫자 3으로 두 번째인 숫자 2를 거치지 않고도 이동할 수 있게 된다. 질량으로 표현되는 수비학은 각자가 고유의 개성과 크기를 가지는 것에 비교해 카발라에서의 숫자는 각각의 숫자가 유동적으로 균형을 이루는 모습을 보인다는 것을 알 수 있다.

세 가지의 수비학 개념을 이해하는 것의 중요성

수비학을 굳이 이렇게 분리하고 어렵게 이해야 하는 것인지 의문을 가질 수 있다.

고대 수비학은 '물질'을 숫자로 표현하기 위한 표상으로써 연구되었고, 현대 수비학은 '인간'의 운명을 숫자로 표현하기 위한 표상으로써 연구되고 있다. 현대 수비학은 생년월일을 더해서 하나의 숫자로 만드는 방법인 합수이론(Method of Reduced Number)을 사용한다.[31]

현대 타로 안에 있는 수비학은 고대 수비학을 사용한다. 합수이론이 적용되기엔 아직 명확하지 않고 논리적인 규명과 조응이 아직은 부족하

---

31) 숫자의 자리가 1개 이상일 때 각각의 숫자를 더해 하나의 숫자로 환산하는 방법론 ex) 234=2+3+4=9

다. 만약 아직 확신할 수 없는 현대 수비학을 사용하여 수비학의 기본 개념을 숙지하지 못한 상태로 타로를 이해할 경우 자칫 잘못된 이해가 될 수 있다. 만약 현대 수비학을 사용하는 것이 바르다고 생각하고 이를 당신이 연구하려 하더라도 이런 숫자의 이해 방법이 도움이 될 것으로 생각한다.

위 세 가지 개념을 이해하고 사용하는 것은 타로를 이해하는 데에도 많은 도움이 된다. 숫자의 의미를 이해하는 것도 중요하지만 그 의미를 어떻게 사용할 것인지도 중요하다. '레서 아르카나(Lesser Arcana)'를 해석할 때 무작위로 선택되어 배열 위에 배치된 타로를 읽을 때 간단한 숫자의 의미만을 적용하는 것과 숫자의 의미가 어떻게 만들어졌고 어떠한 영향을 주고 있는지를 알고 타로에 적용하는 것은 차이가 꽤 크며 이해의 폭이 상대적으로 커질 수밖에 없다.

4부

숫자의 이해

4원소와 마찬가지로 각각의 숫자들을 하나하나 이해하는 공부는 타로를 해석하는 데 매우 많은 도움이 된다. 상식적인 수준에서의 수비학 숫자들의 의미는 조금만 노력하면 알 수 있다. 여기서는 피타고라스의 수비학과 카발라의 세피라를 좀 더 세밀하게 알아보도록 할 것이다. 1부터 10까지의 숫자를 헬라어와 세피라 두 가지 유형으로 살펴 볼 것이다. 각 숫자에 해당하는 명칭은 첫 번째는 헬라어, 두 번째는 히브리어, 즉 세피라에 해당한다. "1" 모나드(Monad), 케텔(Kether)에서 모나드는 헬라어, 케텔은 세피라를 뜻한다.

"1" 모나드(Monad), 케텔(Kether)

Monad의 상징

피타고라스는 숫자 1을 숫자로 보지 않았다. 그는 숫자 1을 아버지[1]와 지혜의 상징으로 여겼다. 이 숫자 1은 모든 숫자의 기본원리라고 제시하고 있다.

모나드의 형태는 원안에 점을 찍어 표현한다. 원은 세계를 이루고 있는 우주 전체를 상징하며, 그 안에 있는 단 하나의 '영혼'을 모나드라 부르고 이를 숫자 1이라 표현했다. 모나드는 온 우주에 존재하는 모든 물질과 생물들이 같게 보일지라도 그 안에 존재하는 의미와 개념은 단 하나의 개체인 '영혼'으로 분류할 수 있음을 의미한다.

가령 과일인 '사과'가 존재할 때, 인간의 눈에는 이 사과를 과일로 인지할 것이다. 이것이 사과라는 존재 안에 있는 의미와 개념을 인지한 형태이다. 만약 이런 사과가 10개가 있다고 가정하자. 인간은 이를 각각의

---

1) 창조자이신 아버지.

과일이 10개가 있다고 인지할까? 그렇지 않다. '사과'가 10개 있다고 인지한다. 이처럼 다른 환경 다른 공간에서 다른 생명 흐름을 가지고 탄생하고 창조된 과일을 우리는 '사과'라는 단일 개체로 이해하는 것 그것이 '사과'라는 과일이 가진 모나드, 영혼이다. 이런 모나드는 원초적이며 모든 생각의 근원이다.

세피로트의 나무에서의 모나드는 케텔이다. 케텔은 그 자체 안에 다른 세피라 들을 모두 담고 있다. 이런 케텔은 모나드와 마찬가지로 단일 인식체계인 '영혼'이므로 분리할 수 없으며, 합치더라도 결국 숫자 1의 의미로 종결되는 모든 숫자의 아버지이다.[2] 케텔에 대해서 카발리스트인 사무엘은 숨겨진 것 중에 더욱 숨겨져 있고 좋은 것 중에 가장 좋은 그것은 31개의 고리를 가지고 있으며, 턱수염은 13개의 컬이 있다고 말한다. 31개의 고리는 케텔에서 시작된 세피로트 나무의 경로들을 말하며, 이 모든 경로는 케텔 안에 있고 케텔에서부터 시작됨을 말한다. 턱수염의 13개의 컬은 세계를 상징한다고 제시되어 있지만, 이는 12황도와 프리뭄모빌레(Primum Mobile)를 상징한다고 생각한다.[3]

숫자 1이라는 개념이 가지는 점술로서의 의미는 긍정적이고 적극적인 것을 근본으로 하고 있다. 외부적 에너지로는 하나의 영혼을 나타내지만, 이 개념이 내면으로 들어가게 되면 자존감과 자존심을 나타내게 되고 그로 인해 발현되는 형태인 실증주의, 자기중심적, 고립, 자립의 형태로 나타난다. 신학적 의미에서는 하나님을 말하며 점성학적으론 태양을 의미한다.[4]

2) Lawrence, S. B. (2001), The secret science of numerology : the hidden meaning of numbers and letters, Franklin Lakes, NJ, New Page Books. p141~142.
3) Samuel Aun Weor, (2015), The Initiatic Path in the Arcane Of Tarot and Kabbalah, Create Space Independent Publishing Platform. p3.
4) Sepharial, (2005), the kabala of numbers, Cosimo, Inc. p3.

"2" 디아드(Dyad), 호크마(Hokmah)

Dyad의 상징

모나드는 하나의 원안에 점으로 표현된다. 이 점은 계속 혼자 있을 수 없다. 안정될 수 없는 상태이며, 기반이 없는 상태이기 때문에 당연하게 변화를 시도하게 된다. 모나드는 순수한 개념이기 때문에 원 안쪽에 있는 모든 것들이 모나드를 건드리고 모나드는 이에 반응한다. 이 지속적인 충돌과 진동 때문에 모나드가 변화를 시작하게 되며 특정한 방향성을 가지게 된다. 디아드는 하나의 점에서 두 개의 선으로 뻗어 나가는 그림으로 묘사된다. 이는 양극과 음극을 상징하고, 선과 악을 상징하며 모든 물질의 이원성을 나타낸다.[5] 모나드에 존재하는 영혼이 다양한 방향을 선택하며 나아가는 디아드는 존재하지 않고 분리되지 않는 모나드를 분리하게 만드는 최초의 숫자이다. 따라서 순수한 모나드는 신으로 여겨졌지만 실제로 이런 신을 조절하는 '지혜'는 디아드가 가지게 된

---

5) Lawrence, S. B. (2001), The secret science of numerology : the hidden meaning of numbers and letters, Franklin Lakes, NJ, New Page Books, p143.

다. 디아드는 지식의 시작을 의미하는데 여기서 발생하는 지식은 모나드의 모호한 존재에 '의의'를 둠으로써 발생하게 된다.

쉽게 예를 들면 과일인 사과 자체를 인지하는 것이 모나드라고 한다면 이 사과를 '잘라 먹을 것인가', '갈아 먹을 것인가'의 선택지를 나타내는 것이 디아드이다.[6] 더 높은 초점에서의 디아드는 좀 더 포괄적인 선택지를 나타내는 부분이 많다. 인간의 뇌로 이해하려 하다 보면 선택지의 경우의 수가 매우 많아 보일 수 있다. 그러나 실제론 YES OR NO의 두 가지 선택지 중 하나의 선택만을 빠르게 진행하는 과정이 자연의 흐름이고 우주의 흐름이다.

디아드는 세피로트 나무에서 호크마에 해당한다. 유클리드의 정의에 따르면 점은 좌표를 가지지만 공간을 가지지 않는다. 이 점이 공간을 가지기 위해선 확장이 필요하다.[7] 이를 다이온 포춘의 미스티컬 카발라에서는 '치켜든 능력의 지팡이'로 묘사하며, 동적 에너지의 시작이라고 제시한다.[8] 세파리얼의 저서에서 호크마에 대한 수의 의미를 능동과 수동으로 나타냈으며, 마찬가지로 양과 음으로 구분해서 표현하였고 영혼과 물질로 표현했다.[9] 결과적으로 디아드와 호크마가 가지는 의미는 모나드와 케텔에서 파생되는 대립과 선택의 형태를 흐름과 에너지로 보여주는 역할을 한다는 것을 알 수 있다.

---

6) 소우주의 디아드

7) J.L. Heiberg, Richard Fitzpatrick (2007) EUCLID'S ELEMENTS OF GEOMETRY, book1 p7에 있는 가설과 증명을 통해 점은 공간을 차지하지 않으며 선으로써 공간을 차지해나감을 제시하고 있다.

8) 다이온 포춘, 정은주역, (2009), 미스티컬 카발라, 좋은글방. p188.

9) Sepharial, (2005), the kabala of numbers, Cosimo, Inc. p6~9.

"3" 트라이어드(Triad), 비나(Binah)

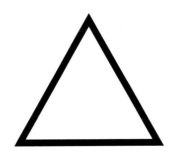

Triad의 상징

트라이어드는 모나드로 존재하는 물질이 디아드를 통해 방향성을 가지고 물질의 형태로 발현되는 지점을 이야기한다. 트라이어드는 정삼각형으로 표현한다. '점(Point)'인 모나드에서 '선(Line)'인 디아드를 통해 '도형(Figure)'을 만들게 된 것이 트라이어드이다. 일반적으로 숫자 3을 완성된 숫자로 많이 알려져 있다.

모나드는 순수하고 순백하지만, 형체가 없고 본질에 의지가 없다. 이 모나드 안에 있는 발생 의지를 불어넣는 디아드가 존재하지 않을 때까진 그렇다. 이 의지를 디아드가 불어넣었을 때 모나드의 점은 형태를 잡기 위해 발버둥치게 된다. 그러나 디아드의 선택적이고 동적인 에너지는 확장만을 요구할 뿐 안정되진 못한다. 디아드의 에너지가 안정되는 시점은 그 디아드의 이원성을 모두 받아들이는 상태가 되었을 때며 그것의 형태가 트라이어드이다.

모나드가 창조주를 표현한다면 트라이어드는 실제 신의 형태를 의미하는데 디아드의 이원성을 받아들인 최고의 사랑의 형태로 여겨졌다. 1은 기초가 부족하며 2는 꾸준함이 없고 3은 이들을 지탱해준다. 이런 삼각 구도를 뚜렷하게 사용한 건축물은 피라미드이며, 연금술에서의 '불' 또한 삼각형으로 표현한다.[10]

인간으로서 인지할 수 있는 형태적 의의를 가지는 건 삼각형이다. 연금술에서의 불은 어떤 물질이든 변화시킬 수 있는 에너지를 말하고 창조 에너지를 말한다. 따라서 트라이어드는 모든 물질의 시작점을 말한다.

카발라에서 트라이어드는 비나이다. 비나는 트라이어드의 이해에서 조금 초점을 달리해야 한다. 앞서 말한 대로 수비학은 숫자 순서에 의존하여 이해하는 것이 수월하다. 그러나 카발라는 숫자의 순서에 의존하지 않는다. 모나드는 반드시 디아드가 있어야 트라이어드가 된다. 그러나 케텔은 호크마가 없이도 비나가 될 수 있다. 정확히 말하면 케텔 호크마 비나의 역할이 순차적인 것이 아니라 각각의 위치적 의의가 있다.

쉽게 말하면 점 3개와 선 3개로 균형 있게 조합해야 트라이어드가 된다. 그러나 카발라에서의 숫자는 점 3개만 있어도 이것이 삼각형이 될 수 있다는 것을 알고 있는 것과 같다. 선으로 분류할 수 있는 호크마가 점 3개를 이어줄 때와 이어주지 않을 때의 모든 시점을 융통성 있게 이해해야 한다. 이 이야기를 하는 이유는 수비학에서의 숫자 3은 그저 도형을 이루는 완성된 형태를 의미하며 디아드의 이원성이 숫자 3에 섞여 들어간 것이지 이원성 획일화하여 나누지는 않는다. 그러나 세피로트 구조상 호크마와 비나는 남성적 에너지, 양의 에너지 그리고 여성적 에너지,

10) Lawrence, S. B. (2001). The secret science of numerology : the hidden meaning of numbers and letters. Franklin Lakes, NJ, New Page Books. p144.

음의 에너지로 구분된다.[11]

수비학에서의 숫자에서의 절대자는 1이다. 이 1은 수비학이든 카발라든 반드시 2로 가게 된다. 1은 절대적 순백의 영혼이기 때문에 2의 에너지를 '선'으로 생각하게 된다. 너무나 당연한 순리이기 때문이다. 숫자의 3은 2에서 만들어진 물질적 의의를 '온전하게 보호하고 안정'시킨다.

케텔은 절대적 순백의 영혼이다. 호크마를 통해 그 에너지의 발현이 절대적 지혜로 만들어진다. 그런데 여기서 비나의 개입을 통해 호크마로 향하는 에너지를 상대적으로 거부하게 된다. 따라서 비나를 카발리스트들은 '악'으로 치부한다.[12] 여기서 수비학과 카발라의 차이가 도드라진다. 이 지점에서 호크마의 에너지가 과연 절대 선일 수 있는가에 대한 의문이 생기는데, 호크마는 절대 수치로서의 선악이 아닌 상대 비교에 의한 '선악'이라는 개념으로 이해하는 것이 옳다. 따라서 비나의 의미가 단순 악이 아닌 슬픔과 침묵, 탐욕의 덕목이 있지만 이런 부정적 욕구들이 물질들의 균형을 이루게 되는 뒷면으로서 그 의의가 있다. 따라서 선과 악을 나누는 기준에 대한 고찰을 좀 더 부드럽게 해야 할 필요가 있다. 타로에서 핍 카드의 숫자 3이 가지는 조화와 균형 그리고 안정감은 단순히 수비학의 트라이어드가 가져온 것만은 아니다. 핍 카드의 2번들이 가져온 방황과 열의를 냉정하게 잡아주는 악역이 트라이어드와 비나이며 실제로 물질로써 형상화되었을 때의 안정감은 결과물이다.

---

11) 다이온 포춘, 정은주역, (2009), 미스티컬 카발라, 좋은글방, p.211.
12) 종교에서 여성을 '악'으로 치부하는 이유가 이것이다. 실제 여성을 가진 인간을 악하다고 말하는 것이 아닌 여성의 상징인 음의 에너지를 상징적 비유적으로 표현하기 위한 선택한 잘못된 단어설정이라고 생각한다.

"4" 테트라드(Tetrad), 헤세드(Hesed)

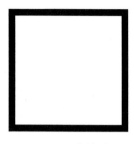

Tetrad의 상징

모나드에서 시작해서 트라이어드까지 진행되면 하나의 삼각형 및 물질이 만들어진다. 이 물질은 순수한 근원이자 분자이다. 이 물질이 실제로 사용되기 시작하는 시기가 숫자 4인 테트라드이다. 이 수비학을 농사로 비유해보자.

모나드   : 안 쓰는 땅에 농사를 시작할 마음을 먹는다.
디아드   : 씨를 뿌린다.
트라이어드 : 벼가 자란다.
테트라드   : 쌀로 수확한다.

벼가 자라나는 사건은 트라이어드 시점까지는 농지 안에서의 사건에 한정된다. 여기서 테트라드로 한 단계 넘어가게 되면 다른 차원의 세계가

열린다. 지금까지 농지에서 자랐던 벼가 상품이 되어 유통의 세상에 들어가게 되는 것이다. 이처럼 3으로 완성된 물질은 해당 공간 안에서의 완성을 의미하는 것이다. 이렇게 3에서 완성된 물질에 1을 더하면 실제 신의 명령체계를 나타난다.

1차원 개념이 2차원을 거쳐 3차원 시점으로 확장되면서 1, 2, 3이라는 숫자의 형태가 삼각형으로 만들어지는데, 이 시점에서는 1도 '1'이고 2도 '1'이며 3도 '1'로 만들어지게 된다. 각 숫자는 원래 자신의 숫자 에너지는 포함하면서, 새롭게 위치에너지도 가지게 된다. 이것이 플라토닉 솔리드의 '불' 즉, 트라이어드에서 삼위일체가 되며 이것이 확장하면서 '테트락티스'라고 불리며, '테트라그람마톤 Tetragrammaton'이라 불리는 진정한 삼위일체의 진동을 의미하게 된다.

피타고라스는 테트라드를 정사각형으로 표현했으며, 이 4라는 숫자가 세상을 이루는 최초의 지성을 나타낸다고 생각했다. 동서남북의 4방위, 불, 물, 공기, 흙의 4원소, 점, 선, 평면, 도형의 4가지 기하학적 형태, 기하학, 천문학, 음악, 수학의 4가지 교양 등등. 인간이 본능적으로 깨달은 것이 아닌 규칙과 교육, 생각하며 만들어낸 최초의 것들은 4가지로 이루어져 있다.[13]

세피로트에서 숫자 4는 헤세드로 불린다. 헤세드는 케텔 호크마 비나에 의한 삼위일체의 에너지를 이어받은 첫 번째 세피라이다. '자비 (Mercy)'로 불리며, 수용적인 자세를 가진다고 알려져 있다.[14] 이 헤세드는 실제 수용적인 자세를 가지고 있지만, 그 에너지 발현은 가히 강력하다. 엄밀

---

13) REV.G. OLIVER, D.D. (1875), The Pythagorean Triangle: Or, The Science of Numbers, LONDON, JOHN HOGG & CO. PATERNOSTER ROW. p103~6

14) Lawrence, S. B. (2001), The secret science of numerology : the hidden meaning of numbers and letters, Franklin Lakes, NJ, New Page Books. p145~6

히 말하면 수용적인 자세를 가질 수밖에 없는 위치에 존재하는 것일 뿐 존재 자체가 수용적인 에너지를 가지는 것은 아니다.

헤세드는 물질이 만들어지는 기본구조를 확립하려 하는 에너지를 말한다.[15] 즉, 기본구조를 만들어 놓으려는 에너지 자체는 능동적이다. 수용적인 에너지는 만들어진 물질을 이용하려는 5번째 세피라 게부라의 영향력에 의한 충돌 때문에 수용적인 에너지로 감춰진다.

이에 대한 논증은 다이온 포춘이 또한 언급한 바 있다. 헤세드는 호크마의 작업을 이어받아 모든 것의 아버지가 창시한 것을 조직화하고 보존한다고 그녀는 이야기한다.[16] 이런 동화작용은 일반적으로 수용적 형태를 가지는 것이 맞다. 그러나 물질 우주의 시작을 말하는 숫자 4^{17}의 의미를 수용적 형태로만 받아들이면 안 된다. 이 수용적 에너지의 근본은 능동적인 에너지 후에 일어난 방출임을 잊지 말아야 한다.

핍 카드들에서 숫자 4에 대한 오해가 많다. 컵+4를 이해하고 해석할 때 무의식중 '무기력', '후회' 등으로 인지하고 접근한다. 이는 웨이트-파멜라에 의한 '권위자의 오류'에 의한 폐해이다. 물론 이런 접근 방식이 틀린 건 결코 아니다. 결국 물의 원소가 숫자 4의 에너지를 받아들인 에너지를 '인간'이 느끼면 후회의 감정이 생기는 것이 맞다. 그러나 그 후회의 감정은 '인간'으로 한정된다. 왜 후회라는 감정으로 인간이 그것을 느끼게 되었는지를 인지하지 않는다면 해석의 한계가 드러날 것이다.

---

15) Robert, Wang, (1982), Qabalistic Tarot, Columbia, Maryland: SAMUEL WEISER INC. p79.

16) 다이온 포춘, 정은주역, (2009), 미스터컬 카발라, 좋은글방, p241.

17) Sepharial, (2005), the kabala of numbers, Cosimo, Inc, p6~9.

"5" 펜타드(Pentad), 게부라(Gevura)

Pentad의 상징

피타고라스의 5는 '평형'을 말한다. 10인 데카드를 신성[18]으로 보았는데, 이것의 절반인 5를 여신[19] 또는 반신(半神)인 현자의 숫자로 보았다. 이렇게 생각하게 된 데에는 이유가 있다.

숫자 5인 펜타드의 상징은 5각형이 펜타클(Pentacle)이다. 이 펜타클의 도형은 각각의 꼭짓점인 모나드에서 뻗어 나오는 디아드들이 트라이어드를 만들지 못하고 있어 난잡하게 뻗어 나가는 형태를 가진다. 그러나 이 난잡한 디아드의 방향성을 단지 5개의 모나드로 잡아준다.

모든 만물이 완성의 궤도에 올라가려면 반드시 트라이어드가 존재해야 한다. 기하학적 구조로 만들어도 반드시 트라이어드가 존재하게 된다. 반대로 말하면 트라이어드가 없는 도형은 완성될 수 없다는 것을 말한다. 그러나 단 하나 트라이어드가 없어도 도형을 만들 수 있는 유일한

---

18) 신성(神聖): 신이 모든 것을 만든 후 만들어진 모든 우주의 성스러운 에너지를 말한다.
19) Lawrence, S. B, (2001). The secret science of numerology : the hidden meaning of numbers and letters. Franklin Lakes, NJ, New Page Books. p146

것이 펜타클이다.

펜타드는 모나드와 디아드로만 이루어진다. 5개의 모나드는 인간의 신체 부위인 머리, 손, 발을 의미한다. 디아드는 이런 모나드의 균형을 잡게 하려는 뼈대와 같은데 디아드의 에너지의 근본은 방향성이기 때문에 트라이어드에 비교하면 부실한 뼈대가 될 수밖에 없다. 따라서 쉽게 망가질 수 있는 젤리 형태를 가지고 있어서 이를 물리적 실체보다는 영체에 비유를 많이 한다. 정신적 영역에서의 에너지를 나타내며 인간은 머릿속에 있는 이 펜타드를 만들어낼 수 있느냐 없느냐에 따라 지성의 수준이 달라진다. 만약 만들지 못하면 무수히 뻗어 나오는 디아드에 의해 빠른 결단을 못 하거나 무책임한 결단을 속행할 수 있고, 변화에 대한 적응에 어려움을 느끼는 등 여러 가지 부분에서 인간이 가지는 절망감에 관여하게 된다. 이론상 이렇지만, 실제 인간은 이런 펜타클을 자신의 지성에 심어 넣는 건 실천적으로 불가능에 가깝다. 이는 인간이 신이 되겠다는 말과 같기 때문이다.

핍 카드의 5번 카드들은 완성되지 못한 펜타드들의 형태이다. 완드+5는 불의 에너지에 의해 펜타드가 무너진 형태로 자신의 고집과 아집만을 내세우는 의미가 된다. 컵+5는 물의 에너지에 의해 펜타드가 무너진 형태로 무리한 자기희생을 의미한다. 소드+5는 공기의 에너지에 의한 펜타드가 무너지는 형태로 타인을 돌아보지 못하고 자신의 행동에 합리점만 추구하는 형태가 된다. 펜타클+5는 땅의 에너지에 의한 펜타드의 무너짐으로 세상과의 단절이 질투와 시기가 되었고 결과적으로 허상에 대한 공포로 번져 자신의 능력을 발휘하지 못해 자신 자신을 무너뜨리는 의미로 쓰이게 된다. 이처럼 펜타드라는 수비학의 의미와 타로에서의 의미는 다소 여러 가지 과정을 이해해가며 접근해야 한다.

펜타드는 이처럼 인간의 정신적 측면의 완성자이다. 이 펜타드가 거꾸로 표현되면 기하학적 의미가 크게 변질되게 된다. 펜타드의 제일 위 꼭짓점은 신성을 받아들이는 인간의 머리를 말한다. 이 머리가 아래로 내려오게 되면 그 의미는 신의 성스러움을 자신의 영혼으로 받지 않고 육체로 받겠다는 의미가 된다. 이는 육체적인 욕구인 성욕으로 해석이 파생되게 된다.

숫자 5를 남성의 숫자 3과 여성의 숫자 2를 합한 숫자로 많이 묘사한다. 이 때문에 로마의 결혼 풍습에는 목사가 한 손을 펴서 5개의 손가락으로 그들의 머리 위에 올린 뒤 두 사람이 부부가 되었음을 선언하는 의식이 생겼다.[20] 이런 의식뿐만 아니라 3+2=5라는 수식에 대한 부분은 인간에게 매우 중요한 의미가 있다.

인간은 펜타드를 완벽하게 구성하기란 사실상 쉽지 않다. 오히려 반신이라고 표현할 만큼 불가능에 가깝다. 인간이 이를 해결할 방법은 자신의 혼자 힘이 아닌 자신이 가진 불균형을 맞춰줄 수 있는 다른 불균형의 펜타드를 받아들이는 것이다.

그 첫 번째가 결혼이다. 디아드들에 의한 불균형의 첫 번째는 바로 성별이다. 인간은 중성이 될 수 없다. 따라서 자신과 다른 성별에 따른 이해관계가 절대 형성될 수 없다.[21] 이를 조율할 방법은 자신과 다른 성별을 받아들여 자신이 디아드가 타인의 모나드로 갈 수 있게 만들어 외부공간에서 트라이어드를 만들어야 하는 것이 우선이 된다. 따라서 예로부터 결혼이라는 풍습은 매우 신성하게 여겨왔다.

---

20) REV.G. OLIVER, D.D. (1875), The Pythagorean Triangle: Or, The Science of Numbers, LONDON, JOHN HOGG & CO. PATERNOSTER ROW, p136.
21) '절대'라는 표현을 사용한 것은 단순히 다른 성별을 이해할 수 있다는 수준의 관계를 말하는 것이 아니기 때문이다.

타로 매트릭스 해석1

(개인 성향)

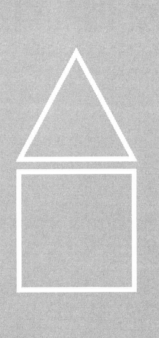

"6" 헥사드(Hexad), 티페레트(Tipereth)

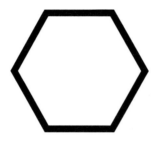

Hexad의 상징

헥사드는 '조화의 어머니'로 불린다. 수비학에서는 금성을 뜻하며[26] 카발라에서는 모든 세피라를 조율하는 이미지를 가져 태양에 조응한다. 모나드와 디아드 그리고 트라이어드를 각각 더했을 때 나오는 환상적인 숫자로 테트락티스와 다른 개념에서 완성된 형태를 가진다.

물질 형성이 이루어진 트라이어드는 헥사드에 이르러 완성된 부품으로 탈바꿈한다. 피타고라스가 제안한 헥사드의 표현형은 육각형으로 건실함과 단단함을 상징한다. 벌집의 육각형을 완벽한 건축물이라 표현했으며, 단순한 2차원의 방향성을 넘어 3차원적 방향성을 가지는 숫자이다.[27] 카발라가 제안하는 영혼의 구조 또한 6개의 차원으로 이루어져

---

26) REV. G. OLIVER, D.D. (1875), The Pythagorean Triangle: Or, The Science of Numbers, LONDON, JOHN HOGG & CO. PATERNOSTER ROW, p194: Venus는 게마트리아로 194로 7/8, 6/9, 5/10의 의미가 있다. 반항적으로 오해될 수 있지만, 결과적으로 극성의 진동을 가운데서 모아주는 어머니와 같은 형상을 뜻하기 때문에 수비학에서는 6을 금성으로 둔다.

27) 동, 서, 남, 북, 높이, 깊이.

있다.[28] 이런 영혼의 구조는 인간이 깨우쳐야 하는 목적지점과 같고 하나의 우주를 만들고 있으므로 카발라에선 태양을 이곳에 위치시킨다.

육각형은 작은 정삼각형 6개 또는 큰 정삼각형 2개[29]로 이루어진다. 각각의 작은 정삼각형 6개는 트라이어드에서 만들어진 소재가 최소 6개가 모여야 정확한 물질을 만들 수 있음을 의미한다. 타로가 보여주려는 표상은 이런 6개의 소재 중 한 부분을 보여주는 것이며, 그 부분의 에너지가 과잉 또는 불충분하다는 것을 암시한다. 카발라의 7개 테트락티스의 고찰을 통해[30] 모든 타로가 연결되어있음을 논증할 수 있다. 두 개의 큰 정삼각형은 작은 6개의 소재를 다루는 인간의 육체와 영혼을 구분해서 나타낸다. 이는 외부와 내부 또는 현실과 내면 등의 양면성을 가진다. 이렇듯 정삼각형 8개의 조합은 가장 이상적인 이론과 기술을 만드는 데 관여한다. 헥사드의 숫자적 의미는 협력, 결혼, 연결, 상호작용, 정신과 육체, 조화, 평화, 성교, 공생관계 등의 의미가 있다.[31] 1~10까지의 숫자 중 가장 가운데에 있는 숫자로 펜타드의 지성을 육체까지 끌어들인 이상적인 영혼과 육체의 합일점을 말한다.

펜타드는 자신과 다른 것에 대한 연결고리가 필요한 숫자인데 헥사드는 여기서 필요한 연결고리를 습득한 형태로 안정화 된 숫자이다.

세피로트에서 숫자 6은 티페레트로 불리며 헥사드와 흡사한 의미가 있다. 숫자 6은 인간 내면에서의 조율을 말한다. 세피로트에서 티페레트는 세피리들의 정중앙에 있다. 마치 티페레트가 모든 세피라에 양분을 공급

---

28) Neschamah, Chiah, Ruach, Nephesh, Yechidah, Nachash.

29) 6개의 작은 정삼각형은 육각형을 만들 수 있고 2개의 큰 정삼각형은 육망성을 만들 수 있다.

30) 7개의 테트락티스는 타로의 철학적 구조의 주형이며 이 구조는 신의 형상을 이야기한다. 따라서 78장의 타로가 전부 모였을 때를 완벽한 인간(신)의 형상으로 보고 선택된 카드는 어떤 포인트가 강한지 부족한지를 나타내는 원리를 가진다. 이런 원리에 의한 카드 한 장은 1개의 소재만을 보여주는 것이 아니라 나머지 5개를 포함하거나 부족하다는 의미를 암시한다.

31) Sepharial, (2005), the kabala of numbers, Cosimo, Inc. p6~9.

하는 형태처럼 보인다.[32] 티페레트는 기본적으로 헤세드와 게부라가 조율된 형태를 가진다. 앞서 말한 헥사드의 작은 6개의 삼각형은 티페레트를 기준으로 하는 각각의 기둥에 있는 세피라 들이고 큰 정삼각형 두 개는 각각 케텔과 이소드를 말한다.[33]

핍 카드에서의 숫자 6은 마치 각각의 원소가 완벽한 조율을 이루고 있는 형상으로 비친다. 그러나 4가지 원소 중 단 하나의 원소만이 완벽을 이루었다는 것은 극성을 가진 원소가 강력한 반작용을 하고 있을 가능성이 크기 때문이다. 따라서 수비학의 6이나 티페레트가 에너지 넘치는 신성한 에너지로 느껴질 수가 있지만, 실제 타로에서는 그 숫자의 의미에 미치지 않는 미지근한 효과만을 가져다준다.

완드+6을 보면 불의 원소가 이상적인 형태로 균형과 조율을 맞추고 있으므로 불이 가지는 추진력과 자신감이 마치 성공에 이르게 한 것처럼 보인다. 우리는 여기서 '성공' 상태만 읽어서는 안 된다. 불의 에너지가 조율된 만큼 물의 에너지가 반작용했다는 것과 땅의 에너지 또한 불의 뒷면에서 이바지했음을 그리고 내면에선 공기의 에너지가 보조했음을 알아야 한다. 완드+6은 단순한 성공이 아닌 불의 특징을 가진 에너지로 조율을 완성했다는 의미다. 이 성공에 희생되거나 기여한 물의 에너지와 땅의 에너지를 반드시 조명하여 해석해야 한다.

---

32) 실제론 환승역과 같은 역할을 하지만 그림을 언뜻 보면 중심에 있는 듯한 느낌이 든다. 실제로 하위차원에서의 케텔로 불리고 인간이 노력으로 도달할 수 있는 최고의 영역에 존재하고 있는 세피라이다.

33) 다이온 포춘, 정은주역, (2009), 미스티컬 카발라, 좋은글방, p276~277; 이 책에서는 6개의 작은 삼각형으로 표현한 내용이 여섯 개의 세피라인 원형적 인간 '아담 카드몬'으로 제시하고 있고 티페레트의 아버지를 케텔 자식을 말쿠트로 제안한다. 여기서 말쿠트에 대한 의의에 대해서 호드와 네자의 통합과정을 생각할 때 이소드가 티페레트의 하위 세피라로 생각하는 게 옳다고 주장하기 때문에 말쿠트가 아닌 이소드로 저술하였다.

"7" 헵타드(Heptad), 네자(Nezah)

Heptad의 상징

피타고라스는 숫자 7을 영혼과 육체를 포함하고 있는 숫자로 여겼다. 본래 영혼과 육체는 각각의 매체로는 연결 지을 수 없다. 이 둘을 연결할 수 있는 수단이 숫자 7로 묘사된다. 헵타드의 형태는 정삼각형과 정사각형을 겹쳐놓은 모양을 가진다. 각기 다른 도형이 합쳐지는 형태는 헵타드가 유일하다.

헵타드는 생명의 수단으로써 의미를 부여하지만 좀 더 넓은 시야에서 본다면 연결고리 역할을 한다는 것을 눈치챌 수 있다. 피타고리안들은 숫자 7을 3+4를 기본으로 묘사한다. 남성의 숫자 3과 여성의 숫자 4의 합으로 서로 다른 형태의 영혼 결합의 수단으로써도 작용한다.

헵타드는 10개의 숫자 중 가장 이해하기 난해한 숫자이다. 단순하게 영혼과 육체의 합일을 나타내는 것으로 묘사되지 않는다. 앞서 말한 대로

3+4를 기본형태로 언급되지만 3과 4를 연결하고 있는 '+'로 이해하는 것이 좀 더 수월할 것이다. 즉, 영혼(3)과 육체(4)가 연결된 상태가 헵타드인 것이 아니라 연결하고 있는 '연결고리'가 헵타드이다.[34]

이런 연결고리 형태는 타로나 수비학적 점술 체계에서 상위체계로의 진입을 만드는 역할을 한다. 3+4 이외에 1+6의 시스템도 많은 언급이 있는데 모나드에서 발생하는 6개의 성스러운 빛이 만들어진다는 묘사를 통해 7개의 여러 가지 상징물에 대해 이해한다.[35][36]

카발라에서의 숫자 7은 1+6의 설명을 더욱 견고하게 보충한다. 카발라에서 숫자 7은 네자에 속한다. 티페레트로 만들어진 조율된 아름다운 상품은 네자로 이동하면서 그 상품에 대한 과잉 홍보와 같은 상태가 된다. 즉 6+1의 상태로 전환된다.

쉽게 생각해보자. 외부(모나드)에서 들어오는 6개의 성스러운 빛을 인간이 받았을 때, 그 인간은 자신의 에너지에 고취될 것이다. 이런 상태가 티페레트 상태이다. 7번째 세피라는 이 티페레트 상태에 의해 발생하는 외압과 내압에 의해 에너지가 다시금 외부로 드러나는 상태를 말한다.[37] 인간은 물질이 아니므로 에너지는 고정되지 않고 흐른다. 따라서 헵타드라는 에너지에 대한 개념이 매우 신성할지라도 그 개념은 고정된 물체에 깃드는 개념일 뿐이다. 인간에게 이 개념이 주입되면 '자신의 주제를 넘는 행동'으로 표출된다. 인간이 담을 수 있는 그릇은 한계가 있다. 이를 받아들이는 수위가 너무 높아져서 흘러나오는 모습이 네자이다. 그래서 핍 카드의 7번들은 대부분 부정적인 묘사로 표현되는데 이를 티페

34) H.P. blavatsky, (2014), the secret doctrine vol2, the theosophical publishing campany p596~598.

35) H.P. blavatsky, (2014), the secret doctrine vol 2, the theosophical publishing company p602.

36) Lawrence, S. B, (2001), The secret science of numerology : the hidden meaning of numbers and letters, Franklin Lakes, NJ, New Page Books. p150.

37) 다이온 포춘, 정은주역, (2009), 미스티컬 카발라, 좋은글방, p317.

레트에서 받아들였던 영광스러운 신성한 에너지 자체를 자신이 주체하지 못하기 때문에 발생하는 형태로 이해되어야 한다.

이렇듯 티페레트의 에너지를 받아들이고 방사하는 처지에 있는 일곱 번째 세피라 네자는 인간의 그릇으로 담을 수 없는 에너지이다. 그렇다고 이 에너지를 거부하거나 배척할 수 있는 능력이나 힘은 인간에게 주어지지 않는다. 따라서 어떻게든 이 에너지를 인간은 방출해야 할 것이다. 이런 에너지를 방출하여 나타나게 된 표상을 인간의 언어로 표현하면 '환상을 쫓는 자'다.

쉽게 정리해보자. 만약 요리사를 직업으로 하는 인간이 네자의 영역에 도달하거나 억지로 에너지를 받았다면, 요리사의 티페레트는 새로운 조리법의 완성이다. 자신만의 특수성에 도달한 이 요리사는 이 조리법을 어떻게 받아들일까? 자신의 직업에서 전문성을 인정받을 만한 업적을 이루었을 때, 그 기분은 어떠할까. 당연하겠지만 매우 기분이 좋을 것이다. 이때부터 네자가 발생한다.

이 업적을 '기분이 좋다'로 끝낼 것인가? 아니다. 이를 통해 얻어야 할 것을 '상상'하게 된다. 권력? 돈? 명예? 등등 자신이 꿈꿔왔던 것이 현실이 될 수 있을 것이라는 묘한 환상과 현실 사이에 놓이게 된다. 이런 현상이 네자의 에너지 표상의 기본이다.

타로의 핍 카드에서는 이런 형태를 4가지 원소의 개성으로 분류하여 표현한다. 물론 이런 예시는 다른 세피라의 예시와 같이 네자에 대한 이해를 돕기 위한 하나의 단편적 형태일 뿐임을 명심해야 한다.

"8" 오그도아드(Ogdoad), 호드(Hod)

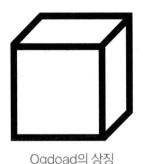

Ogdoad의 상징

피타고라스는 1에서 10까지의 숫자 중 유일하게 오그도아드를 균등한 숫자로 여겼다.[38] 오그도아드는 테트라드인 숫자 4와 비교를 많이 하게 되는데 숫자 4 또한 균등한 숫자로 오해할 수가 있기 때문이다. 숫자 4는 2차원에서의 균등함을 보여주기 때문에 실제 숫자 4의 에너지는 다소 이론에 가깝게 여겨진다. 그러나 숫자 8의 에너지는 입체적 균등함이기 때문에 실생활에 적용하거나 그 의미를 추론하기 쉬워 논리적인 설명이 가능했기에 유일한 균등 숫자로 정의한 것이다.

오그도아드의 상징 도형은 큐브, 정육면체이며 이 도형의 상징적 의미는 '거울'로 알려져 있다.[39] 한쪽은 다른 쪽과 같지만 반대 방향의 에너지를

---

38) REV.G. OLIVER, D.D. (1875), The Pythagorean Triangle: Or, The Science of Numbers, LONDON, JOHN HOGG & CO. PATERNOSTER ROW. p191.

39) Lawrence, S. B. (2001). The secret science of numerology : the hidden meaning of numbers and letters. Franklin Lakes, NJ, New Page Books. p152.

보여줌으로써 전체적인 흐름을 균일하게 맞추게 되는 원리이다. 그래서 오그도아드는 영원한 지혜 우로보로스와 무한을 상징한다. 이런 일련의 흐름은 시간과 흡사하기 때문에 시간을 상징하기도 한다.

카발라에서 8번째 세피라인 호드는 이런 '거울'의 상징적인 면[40]에 대한 인간 처지에서의 비판적 시야로 조명하여 나타난다. 호드는 네자의 과도한 에너지를 중재하기 위한 음의 에너지이다. 겉으로 보이는 한쪽 면과 실제 자신의 다른 쪽 면인 영혼은 분명한 차이가 있다. 이를 심리학적인 개념으로는 원초아와 초자아의 차이일 것이다.

오그도아드를 받아들인 인간은 자신의 양면성에 대해서 어쩔 수 없이 고심하게 되며, 이 에너지는 인간에게 괴팍한 성향을 보여준다. 마치 정육면체를 얼굴이라고 할 때 각각의 면에 각기 다른 얼굴이 새겨 있는 것과 같다. 네자에서 웃는 얼굴이었다면 반드시 호드는 고통스러운 얼굴이 된다. 네자에서 슬픈 얼굴이라면 반드시 호드는 행복한 얼굴이 된다. 호드의 수용적인 형태는 네자에 의한 에너지에 의해 변하기 때문에 수용적 형태로 묘사된다.

타로에서도 마찬가지로 핍 카드 8번은 대부분 고통스러운 모습으로 많이 묘사된다. 영적 성장이 타로를 다루는 사람들에 비교해 낮은 일반적인 사람들은 오그도아드에 대해 두려움이 정말 클 수밖에 없다.[41]

나이를 먹는다는 건 경험이 풍부해지며 연륜이 쌓여 곤란한 일이 발생해도 충분히 해결할 수 있는 능력이 있다는 것을 방증한다. 이것이 오그도아드이다. 그러나 인간은 나이를 먹는 것을 싫어한다. 늙고 힘없어지는

---

40) 무한의 궤도.

41) 다이온 포춘, 정은주역, (2009), 미스티컬 카발라, 좋은글방, p.352; 타로라는 마법 철학의 정수를 담은 도구를 자세히든 재미로든 알고 있는 자들은 이런 세피라 들의 유동성과 균형에 대해 어렴풋이라도 인지하고 있을 것이다. 그러나 이런 철학에 노출되지 않은 일반적인 사람이라면 하나의 세피라가 매우 크게 느껴질 수밖에 없다. 더군다나 오그도아드는 세피라 중 가장 강하게 인간을 압박한다.

그것에 대해 두려움, 죽음이 가까워진다는 두려움 등이 그 원인이다. 이것이 호드이다. 이 또한 타로 해석에 응용할 때는 단지 이미지 안에 있는 그림을 연역적으로 이해하지 말고 [42] 이미지가 나타난 형태가 '왜' 일어나게 되었는지를 깨닫는 것이 중요하며 '왜'라는 질문에 대한 이론적인 답안의 기초는 오그도아드와 호드의 대조적 차이를 아는 것부터 시작된다.

---

42) 직관으로 이해하지 않도록 한다.

"9" 엔네아드 (Ennead), 이소드 (Yesod)

Ennead의 상징

피타고라스는 엔네아드를 설명할 때 '바다와 지평선'이라는 문구를 많이 사용했다.[43] 여기서 바다는 모든 것을 포함하고 있는 어머니의 상징이며 지평선은 끝이 없음을 묘사하려 한 상징이다. 이 지평선을 넘으면 숫자 10이 보일 것이고 실제 이 숫자 10은 우리가 볼 수 없으므로 실제 숫자는 1~9까지 존재한다고 여겼다. 고대에는 지평선을 보며 넘을 수 없는 무한의 공간으로 여겼고, 이를 넘어가는 시점이 새로운 물질이나 세계를 맞이할 수 있다고 여겼기 때문에 시작 수로 여겼다. 이는 후에 숫자 10이 신성한 숫자가 아닌 격변의 숫자로 변화하며 시작의 수의 개념에서 환생의 수의 개념으로 변하게 된다.[44]

---

[43] Lawrence, S. B. (2001). The secret science of numerology : the hidden meaning of numbers and letters. Franklin Lakes, NJ, New Page Books. p153.

[44] 카발라에서의 숫자 10은 신성한 숫자가 아니게 된다. 무한궤도를 이어주는 숫자로 활용되는데 이 개념이 후대에 연구되었기 때문에 피타고라스 시대에서는 신성한 숫자로 여겼지만, 후대엔 새로운 시작의 숫자의 개념으로 이해하게 된다.

엔네아드의 상징물은 삼각형 3개가 겹쳐있는 모습이다. 세계를 구성하는 3가지의 조건인 물, 불, 흙이 각기 트라이어드를 이룬 상태로 결합한 것을 묘사한다. 이 형태는 육체[45]를 구성하는 가장 기본적인 구성물을 말한다. 이 때문에 숫자 9를 아이의 탄생으로 언급하는데 수비학을 잘못 알게 되면 숫자 9를 임신으로 해석하는 경우도 있다.

엄밀히 말하면 임신이 가능한 상태를 말하거나 만삭인 경우를 말하는 것으로 이해해야 하며, 실제 수비학에서는 숫자 4와 함께 이해해야 그 의미로 통한다.[46] 따라서 숫자 9만으로는 임신이 진행 중인 상태를 말하지는 않는다. 엔네아드는 이미 다 만들어진 상태를 일컫는다. 임신이 진행 중인 상태는 만들어지지 않은 상태이기 때문에 숫자 9의 의미가 끼어들기 어렵다.

엔네아드의 수식은 3+3+3 또는 3×3으로 표기한다. 앞서 말한 것과 같이 트라이어드 조건을 갖춘 3가지의 조건이 완성되는 것을 표현한다. 따라서 엔네아드는 꽤 풍족하고 평화로우며 만족스러운 상황에서 자주 나타나게 된다.

카발라에서 엔네아드는 이소드라 불린다. 엔네아드의 에너지는 인간한테 부담이 되지 않는다. 신기하게도 다른 숫자는 인간에게 비협조적인데 숫자 9만은 유일하게 인간에게 협조적이다. 다만 이소드는 엔네아드와 다르게 고통 후의 평화 및 행복이다.[47] 엔네아드는 기본적으로 트라이어

---

45) 여기서 육체는 인간의 몸만을 말하는 것이 아닌 물질세계에 있는 모든 물리적 형태를 말한다.

46) 숫자 9만으로는 '바구니'라는 의미만을 가지게 된다. 즉 무엇인가를 보관하는 개념으로 통하는데 이를 근시안적으로 생각하면 임신이라는 키워드를 가질 수는 있다. 그러나 무엇이든 보관할 수 있는 포괄적 의미이기 때문에 숫자 4의 의미인 '자궁'과 함께 해야 비로소 임신이라는 단어로 형성됨이 논리적이다. 물리적 생명과학적으로 생각해보면 오히려 숫자 1과 숫자 4가 만나야 임신할 수 있음을 알 수 있다. 이런 해석 또한 단편적일 뿐이다. 이렇게 복잡하게 해석한 것이 그저 단편적인데 단순히 숫자 하나를 하나의 키워드로 단정 짓는 것은 더욱 시야가 좁은 해석방법이다.

47) 다이온 포춘, 정은주역, (2009), 미스티컬 카발라, 좋은글방. p364; 네자와 호드의 에너지 충돌 때문에 피로움과 불필요한 오염물들은 이소드에 의해 걸러지게 된다. 이소드를 인간이 부담 없이 가질 수 있는 이유는 그 에너지의 음양의 양면성에서 찾을 수 있고 이런 에너지 조율이 이소드에서 일어나기 때문에 인간은 부담 없이 이소드를 받

드로 만들어진 기본적인 물질 3가지가 결합한 형태이기 때문에 고통받거나 에너지 소모가 없다. 그러나 짧은 생을 사는 인간은 한평생 트라이어드 하나 만들기도 힘들어서 3개의 트라이어드를 결합까지 한다는 것은 꿈같은 일이다. 물론 이뤄낸다면 그만큼 좋은 형태의 상황은 없을 것이다.

이소드란 그렇다. 인간이 가지는 대부분의 욕구를 충족시켜주는 형태이며, 그 욕구를 갈무리 및 이용할 수 있는 단계를 말한다.

쉽게 이해하기 위해선 '요가'를 생각하는 것이 좋다. 단순하게 요가는 몸에 아주 좋은 운동이다. 이것이 엔네아드이다. 그러나 요가는 몸을 매우 혹독하게 만드는 운동이다. 물론 그 운동 후에 얻는 육체적 정신적 건강은 이루 말할 수 없을 정도이다. 이것이 이소드이다. 결국 두 가지 모두 같은 숫자 9의 의미가 있지만, 그것을 인간이 다룰 때와 외부에서 주어질 때와는 차이가 있다.

아들일 수 있다. 이런 측면에서 이소드라는 셰피라는 인간에게 수용적인 형태를 가진다.

"10" 데카드(Decad), 말쿠트(Malkuth)

Decad의 상징

피타고라스의 관점에서 숫자 10은 완성의 수이자 신성한 숫자다. 지평선이라는 절대 그 끝을 알 수 없는 공간에 존재하는 숫자로 여겼으며, 하나님과 같은 신을 표현하는 숫자였다.[48]

데카드는 1+0으로 이루어진 숫자이다. 모나드는 남성적 창조에너지를 말하며 0은 창조의 그릇인 모든 여성적 에너지의 집합체의 합이다. 데카드는 절대 신의 형상을 갖추고 있는 숫자로 여겨왔지만, 시간이 흐르면서 데카드는 신격에서 벋어나게 된다. 오히려 엔네아드의 순수한 형태가 변질되는 순간이 데카드로 가는 순간이라 여긴다. 그래서 신성한 숫자가 아닌 격변의 숫자로 정의하게 된다.

이는 카발라의 열 번째 세피라인 말쿠트에서도 나타난다. 말쿠트 또한 인간의 자궁이라는 의미를 가지며 이소드에서 내려오는 모든 생명이 뛰

---

48) Lawrence, S. B. (2001). The secret science of numerology : the hidden meaning of numbers and letters. Franklin Lakes, NJ, New Page Books. p155.

어놀 수 있는 공간을 상징한다.[49]

다이온 포츈의 미스티컬 카발라에서는 "모든 생명은 태어난 곳으로 돌아가기 전에 반드시 이곳을 거쳐야 한다."라고 언급한다. 태어난 곳은 물질세계이고 이 계열로 가기 위해서는 어머니의 자궁을 통해서 가야 한다고 이해할 수 있다. 반대로 태어난 그곳이라고 한다면 죽음 뒤의 사후세계를 생각할 수도 있을 것이다. 그러나 나는 사후세계가 아닌 자연으로 돌아간다는 뜻으로 이해하며, 이를 위해서는 케텔의 또 다른 얼굴인 말쿠트를 거쳐야 한다고 본다. 데카드의 의미와 같이 말쿠트는 숫자들이 만들어 놓은 결과물을 받아들이는 공간 및 역할을 한다. 1~9까지의 에너지들이 10으로 초월한다고 생각한다면 이는 고전적인 이해 방법이다. 카발라는 10이라는 숫자를 최종적으로 만들어지는 결과라고 생각했으며, 이 또한 과정 일부라고 판단한다.

말쿠트를 직접 존재하게 하는 세피라는 이소드뿐이다.[50] 이소드는 네자와 호드로 인한 형태의 완성이다. 정확히는 환상과 현실의 조율을 통한 실제 상황이다. 이 실제 상황은 말쿠트로 가며 진실에 도달한다.

마치 언론사에서 발표하는 최신 이슈들과 논란거리가 이소드라면 그 이슈의 중심에 있는 사람들의 실제 상황과 심정이 말쿠트와 같다. 이를 신성한 숫자 또는 신성한 세피라로 언급하기엔 현대사회가 너무 많은 발전을 해왔고 단순히 종교와 마법 철학으로만 이해하는 시대가 아니게 되었다. 따라서 10이라는 숫자는 이제는 신성한 숫자라기보다는 격변의 숫자로 정의하는 것이 옳다.

---

49) 다이온 포츈, 정은주역, (2009), 미스티컬 카발라, 좋은글방. p381.

50) 네자와 호드 또한 말쿠트를 만들어낼 수 있는 역량이 있으나 진정한 말쿠트가 아닌 반쪽짜리 말쿠트밖에 만들지 못하게 된다.

5부

4원소 4문자의 활용

PENTAD
COVERA

4원소와 4문자의 기초적인 내용을 응용하여 이들이 어떤 시스템으로 상호작용을 하는지 고찰하여 타로에 적용할 수 있는 방안을 제시할 필요가 있다. 각각의 4가지 요소들은 자신만의 개성을 가지고 있지만, 이 개성은 실제 자연에선 뚜렷하게 드러나지 않는다. 그 이유는 각각의 요소 간에 알력이 존재하고 균형을 맞추기 위한 상호적 에너지 교류가 일어나고 있기 때문이다. 이런 현상은 비단 자연에서뿐만 아니라 인간의 내면에서도 일어나며 실제 사회에서도 이런 흐름을 바탕으로 하여 여러 가지 커뮤니케이션 공식을 만들어내기도 한다.

타로와 같이 실제 일어난 현상과 인간의 내면을 조명하는 기구의 경우에는 이런 요소들의 알력 시스템을 알고 있는 것만으로도 풍부한 고찰을 할 수 있다.

4원소론의 흐름

4문자는 4원소와 같은 맥락을 가진다. 4원소는 인간이 보고 느끼고 맛볼 수 있는 인간을 중심으로 외부에 있는 자연현상을 다룬다. 반대로 4문자는 인간이 보지 못하고 느끼기 어려우며 맛볼 수 없는 현실이 아닌 세계. 즉, 인간의 내면에 있는 자연현상을 다룬다.

이 두 가지의 개념은 타로 안에서 상호작용을 하고 있다. 타로에서의 기본은 4문자이지만 우리가 공감할 수 있는 건 4원소이기 때문에 이런 괴리감을 타로를 해석하는 과정에서 동시에 읽어낼 수 있다.

이들의 상호관계의 이해를 위해서 선행되어야 할 것은 4원소가 가지는 각각의 에너지 교류이다. 4문자는 자연에서 발생하는 원소들의 에너지 교류를 인간이 느끼고 대처하는 작용으로 발현되기 때문에 4원소의 흐름을 이해한 뒤 4문자의 대처방법을 알게 되면 이를 타로에 연결하여 해석하는데 쉽게 작용할 수 있다.

4원소는 앞서 말한 것과 같이 인간이 오감을 통해 느끼고 경험한 자연의 변화를 알고자 하기 위해 만들어진 방법론이다. 즉 이 변화는 인간을 제외한 외부환경의 변화를 정리하는 것이다. 4원소의 흐름은 음양오행의 상생론과 상극론같이 각각의 요소 변화가 서로에게 미치는 영향이 있음을 말한다. 나는 이를 상생과 상극이 아닌 '선망(羨望, Envy)'[1], '거척(拒斥, Refuse)'[2] 그리고 '연결(連結, Connection)'로 구분하여 이해하고 있다.

---

1) 부러워하며 따라가고 싶어 함.
2) 거절하며 배척함.

선망(羨望, Envy)

선망이라는 느낌은 내가 할 수 없는 것을 하는 존재, 내가 보고 즐거워할 수 있는 존재, 내가 질투하는 존재, 내가 부족한 것을 할 수 있는 존재를 보거나 느낄 때 가슴 깊이 감동하는 감정을 말한다.

4원소는 각각의 목적에 따라 변화의 요소를 가지며 각 원소만의 특수한 성질과 개성을 표현한다. 반대로 각각은 자신의 개성에 반대되거나 자신의 단점을 채워줄 수 있는 상대적 원소가 존재하고 그 상대가 되는 원소를 선망, 동경하게 된다.

4원소 '선망'의 순서는 '불 ⇨ 공기 ⇨ 땅 ⇨ 물'이다.

> 불은 공기를 선망한다.
> 공기는 땅을 선망한다.
> 땅은 물을 선망한다.
> 물은 불을 선망한다.

불의 목적은 자신을 드높이는 데 있다. 자신을 지속해서 태워야 하고 존재를 알리기 위해 무던히 열을 올리는 성질을 가진다. 이 불은 자신이 온도를 높여야 자신의 주변의 것들에게 인정받을 수 있다고 여긴다. 불의 입장에서는 자신이 힘들게 올린 온도를 아주 빠르고 똑같이 온도를 맞추는 공기의 존재가 매우 특별해 보이게 된다. 자신의 온도를 높이느라 움직일 수도 없는 자신과 달리 쉽게 온도도 높이고 자유롭게 이동도 하는 그 모습은 선망의 대상이 된다.

공기의 존재 목적은 자유에 있다. 자신만큼 빠른 것 없고 자신만큼 자유로운 게 없으며 자신을 막을 수 있는 존재가 없다고 여긴다. 그러나 공기를 막는 단 하나의 원소가 있다. 그것은 땅이다. 공기는 아무리 열심히 빠르게 움직이고 부딪혀도 땅을 통과할 수가 없다. 공기의 입장에서 불편한 원소인 물은 자신과 동화라도 된다. 그런데 땅은 절대 자신이 고개 숙여 피해야 하는 존재이다. 공기는 땅을 질투한다. 그러나 그 질투는 선망하기 때문에 이루어진 사랑의 형태이다. 공기는 자존심이 강하기 때문에 자신을 막아서는 땅과 대적하려고 무던히 애쓰고 필패한다. 그래서 공기는 땅과 같은 단단함을 질투하지만 선망한다.

땅의 존재 목적은 기반이다. 모든 존재가 자신의 위에서 놀고 자신의 품 안에서 변화하는 것을 보고 즐긴다. 자신이 그렇게 할 수 없으므로 대리만족을 하는 것을 선망한다. 변화가 느리고 적응력이 느린 땅은 느릿하고 여유 있게 즐기는 물을 선망한다. 땅은 느리므로 변화가 빠른 공기는 보지를 못 한다. 불은 변화를 하는 것인지 안 하는 것인지 언제 봐도 똑같은 상태라 무관심하다. 그러나 물은 어떤 물질과 닿던 그 흐름이 자신의 눈에 보이고 느껴진다. 땅이 가장 뚜렷하게 보는 원소가 물이며 그러므로 땅은 물을 선망하게 된다.

물의 존재 목적은 조화를 통한 회복이다. 물은 어떤 물질이든 자신의 온도로 맞춰줄 수 있다. 모든 물질의 항상성(恒常性, Homeostasis)[3] 유지를 통해 회복시킨다. 공기가 뜨거워지면 물이 식혀줄 수 있고 땅이 뜨거워져도 물이 식혀줄 수가 있다. 물은 이곳저곳 온도를 공유하고 누구도 해치지 않으려는 성질이 있다. 그러나 불은 회복시킬 수 없다. 자신의 존재 목적에 어긋나게 할 수 있는 유일한 존재가 불이다.

물은 불을 꺼트린다는 논리로 오행에서는 상극의 원리로 통한다. 그러나 4원소에서 물은 무엇인가를 소멸시키기를 거부하는 존재다. 반드시 물과 섞인 것은 소멸하지 않고 물 안에 존재하거나 물밖에 존재하게 된다. 불은 물에 의해 소멸한다. 물이 가장 피하고 싶어 하는 원소이기도 하며 자신의 색깔이 뚜렷하지 않은 물의 입장에서 불은 매우 강렬하고 멋있는 존재로 비치게 된다. 다가설 수 없으며 자신이 할 수 없는 색깔을 가진 존재가 물에는 불이 된다. 따라서 물은 불을 선망한다.

---

3) 항상성이란 늘 같은 평형의 상태를 유지하려는 성질을 말한다.

완드+7 : 왕은 최우선으로 자신의 집단을 안정화하려 한다

(헥사드의 모나드).

관리자에서 왕으로 진화된 완드는 자기 집단의 생각을 자신의 생각으로 여겨야 한다는 것을 헥사드에서 깨달았고, 이것을 지키기 위해 굉장한 책임감을 보여준다. 이제부터 자신의 목적은 자신만의 목적이 아니라 집단의 목적이 되었다. 집단의 목적은 집단만의 목적이 아니라 자신의 목적이 되었다. 즉, 자신을 공격하거나 자신이 속한 집단이 공격당하면 강력하게 방어하고 집단 안에서 분란을 일어나면 강력하게 조치한다. 집단을 내 몸처럼 안정화하려는 노력을 헵타드부터 진행하기 시작하는 것이다. 이 과정에서 왕은 시야가 넓어지고 자신 이외의 왕들도 많이 있다는 것을 알게 된다. 내외부로부터 자신의 집단을 지키기 위해 아직은 혼란스러운 자신의 집단에 규칙을 제정한다. 이 과정에서 반발하는 자와 찬성하는 자가 나누어지나 왕은 모두 수용하는 형태로 합의를 끌어내려고 할 것이다. 이 형태가 완드+7이다.

이것을 개인의 성향으로 변환하면 '책임감이 강하고 남의 일도 자기 일처럼 여기는 강인한 성품'으로 생각할 수 있다.

컵+7 : 교황은 최우선으로 자신이 돌보지 못했던 것들을 돌보려 한다

(헥사드의 모나드).

소통자는 헥사드에서 자신이 허술하게 챙겨왔던 과거의 것들에 대한 경각심을 깨달았다. 소통자는 교황이 되고 나서 자신이 지금까지 돌보지 못했던 것들을 하나씩 되짚어가며 챙긴다. 이제 와서 챙기려니 많은 것들이 눈앞에 걸릴 것이다. 영혼(3)과 육체(4)의 분리를 의미한다고 설명되지만, 정확히는 트라이어드의 에너지와 테트라드의 에너지 융합이다. 공감자의 트라이어드는 '내가 할 수 있는 것만 하자'였고, 공감자의 테트라드. 즉, 소통자는 '널리 사람을 이롭게 하자'였다. 이 두 가지가 합쳐진 형태가 헵타드이다. '내가 할 수 있는 것만 하되 그렇다고 내가 할 수 있는 것 이외의 것도 할 방법도 찾아본다.'는 태도다.

이 경우 자신이 할 수 있는 것과 할 수 없는 것을 구분할 수 있는 냉정함이 필요한데 컵의 성향이 있는 펜타클과 같은 계산적인 인간을 경멸하기 때문에 그저 감정에 이끌리는 대로 둘 다 하려고 한다. 이 형태는 펜타드와 비슷한 형태로 보일 수 있지만, 헥사드를 우선하기 때문에 몸을 혹사하진 않는다. 대신 정신적인 소모가 시작된다. 이것도 저것도 하고 싶은데 못하고 이것을 우선해야 하는 건 아는데 우선하고 나면 저쪽이 가슴 아프고 갈팡질팡 자신의 사고 안에서만 움직이며 아무것도 하지 못하는 형태가 된다. 교황이 되었다고 완벽한 인물상이 처음부터 만들어지는 것은 아니다.

이것이 컵+7의 형태이며, 개인의 성향으로 변환하면 '착하고 의리 있지만, 줏대가 없는 성향'으로 생각할 수 있다.

소드+7 : 은둔자는 최우선으로 자신이 가진 열등감을 극복하기 위해 승리의 이미지를 그려낸다.

기본적으로 소드는 열등감에 의한 승리욕이 매우 강하다. 그러나 그것을 해결할 능력은 사실 많지 않다. 자신이 무엇을 할 수 있을지보다 자신이 왜 안 되는지에만 골몰해서 승리에 대한 이미지가 머릿속으로 확실하게 떠오르지 않기 때문이다. 그래서 자신을 믿기 시작한 패배자는 자신도 승리할 수 있다는 자신감과 더불어 어떻게 승리할 수 있을까? 라는 고민에 쌓이게 된다. 결국 승리에의 이미지는 자신이 패배했을 당시 자신에게 승리했다고 생각한 사람들의 이미지를 떠올릴 수밖에 없다. 이 오해가 은둔자에게 발현되면서 행하는 행동은 가볍고 가식적인 모습을 보여준다.

쉽게 얘기하면 패배자였던 소드는 열등감에 휘말려 자신의 것을 내비치지 못했다. 지속해서 패배감을 느꼈을 것이다. 헥사드를 통해 이제부터 자신의 생각을 밖으로 내비칠 수 있는 용기를 가지게 된다. 그러나 이제 와서 자신의 생각을 내 비친다고 해도 완드에 비하면 그 정도가 너무 작아 보여주지 않는 상태임은 여전하고, 펜타클에 비하면 어린아이가 막 언어를 배우는 것과 같은 상태이다. 즉, 성장할 대로 성장한 상태의 어른이 어린아이와 다를 바가 없는 언어를 사용하는 것과 같다.

패배자는 헥사드에서 자신의 편이 될 수 있는 '나'라는 존재를 깨달았을 당시는 신선한 충격을 받았고 그것의 여운을 느끼느라 타인이 아닌 자신만 본다. 헵타드부터는 패배자의 목적인 자신을 보여주고 알리는 것에 집중한다. 이런 형태는 굉장히 이기적인 형태로 자신이 당했다고 여겼던 거짓말이나 약은 행동들을 도리어 타인에게 행한다. 자신은 그것을 당하고 힘들어했음에도 불구하고 타인에게 자신의 건재함을 보여주기 위해 본격적으로 자신이 할 수 있는 최대한의 공격을 시도한다. 물론 펜타드에서 겪었던 실수인 폭력을 사용하진 않는다. 그래서 육체적 폭력이 아닌 정신적 폭력으로 노선을 갈아탄다. 그 형태가 소드+7이다.

이것을 개인의 성향으로 변환하면 '야비하고 약삭빠르며 눈치가 빠른 성향'으로 이해할 수 있다.

펜타클+7 : 상인은 최우선으로 앞으로 어떤 비전을 가져야 할지 고민한다.

중재자의 목적은 타인에 대한 비판이다. 비판자의 목적은 자기 생각으로 세상을 바꾸는 것이었다. 이를 모두 실행하려는 방법으로 '이익'이라는 답을 산출했고, 기본적인 이익 구조는 헥사드에서 깨닫고 실행했다.

비판자에서 상인으로 진화하는 과정에서 비판자는 이익의 유혹에 자신도 빠져들게 된다. 왜냐하면 이익계산을 깨닫고 나니 너무나도 쉽게 자기 생각으로 모든 것을 바꿀 수 있게 되었기 때문이다.

비판자는 무료했다. 자신의 가치관과 사상을 제대로 이해를 못 하더라도 이익이 된다면 찬동하고 공감하는 척 변화한 척하는 가식적인 세상에 대해 비웃음을 날린다. 사실 이런 형태를 원한 것은 아니었다. 세상을 바꾸고자 했지만, 자신이 말했던 세상은 세상의 모든 인간이지 세상의 구조를 바꾸는 것이 아니었다. 마치 모든 것을 좌지우지할 수 있는 현실임에도 불구하고 뭔가 하나가 부족한 느낌이 들게 된다. 마치 돈은 많지만, 앞으로의 비전이 보이지 않는 것과 같다.

이를 개인의 성향으로 변환하면 '매사에 부정적이고 아쉬워하는 성향'으로 생각할 수 있다.

슈트+8

숫자 8은 '오그도아드'와 '호드'에 해당한다. 오그도아드는 강한 음의 에너지이다. 헵타드가 양의 에너지로 완성된 헥사드를 어떻게든 사용하려 하는 형태라면 오그도아드는 헵타드의 사용을 반대로 제지하거나 헥사드가 가지는 완성도에 흠이 없는지 점검하는 역할을 한다.

오그도아드와 헵타드는 재미있는 특성이 있는데, 이 두 숫자는 서로 '진동'한다. 즉, '오그도아드였다가 헵타드였다가'를 수십 번 수천 번 반복한다. 후에 나올 숫자 9인 엔네아드를 만들기 위한 작업이다. 이건 너무나 자연스럽다.

보통은 헵타드 이후에 오그도아드가 오지만 헵타드를 거치지 않고 헥사드에서 오그도아드로 넘어가는 일도 있다. 그러나 이런 경로여도 오그도아드에서 바로 엔네아드로 넘어가진 못한다. 헵타드를 반드시 한번은 거치게 된다.

오그도아드는 '곤충의 홑눈'과 같다. 시야가 넓어지고 넓어져서 객관화하기 쉬워지는 형태이다. 아쉽게도 인간의 뇌용량이나 행동의 방향은 제한하는 것이 좋은 방향이다. 펜타드와 같이 무한으로 디아드를 방출하거나 오그도아드처럼 수많은 방향성을 제시하여 객관화하면 실제 인간은 움직임이 둔화하거나 괴상한 행동을 하게 된다.

펜타드와 오그도아드를 비슷하게 보는 이유는 둘 다 신의 주축이 되는 강력한 에너지이기 때문이다. 인간은 '절대로' 이 에너지를 무난하게 넘길 수 없다.

감당할 수 없을 정도의 정보 또는 부담이 오면 그걸 이겨내려 하기보다 피하려고 하고 쉽게 생각하려는 인간의 성질 때문에 이 두 가지 에너지를 쉽게 풀어나가지 못한다. 억지로라도 잘 풀어나갔다면 이미 대단히 크게 성장하여있는 인간이 된다.

펜타드는 몰려오는 선택의 파도 속에서 결정을 못 하여 생기는 오류가 많다. 오그도아드는 몰려오는 정보의 파도 속에서 감당하지 못하고 포기하는 현상이 일어난다. 숫자의 의미가 좋다고 하여 그것이 인간사에 똑같이 적용되지 않는다.

마치 재벌이 장바구니로 사용하기 위해 수천만 원짜리 명품가방을 샀다고 하자 과연 서민인 우리는 이 명품가방을 장바구니로 사용할 수 있을까? 우리는 신을 이해하고자 하는 것이지 신이 되려는 것이 아니다. 신의 아이템을 어쩌다 받게 되었을 때 그것이 반드시 행운이라고 볼 수 없다. 그만큼 오그도아드의 긍정적인 측면은 인간이 감당하기 어려워서 빠르게 버려야 한다. 감당할 수 있다면 이것만큼 좋은 무기 또한 없다.

숫자 8에 해당하는 카드를 해석할 때 이를 유의해야 한다. 좋고 나쁨을 함부로 결정하지 말아야 한다. 내담자가 감당할 수 있는 사람일 수도 있는 것이다. 그것을 '당신'이 판단하면 안 되기 때문에 최대한 냉정하게 이론을 파악하고 계산해야 한다.

완드+8 : 집단 안정화에 대한 에러

왕은 헵타드를 통해 집단의 안정화를 위해 노력했다. 헵타드의 말단에 왕은 집단을 안정하게 하는 데 성공했다.

생각해보자. 비포장 고속도로를 어떻게든 포장하고 고쳐 나아갔다고 치자. 포장하기 전에는 안전을 위해 차량 속도를 제한할 것이다. 포장이 끝나면 제약이 풀리고 차들은 엄청난 속도로 움직일 것이다.

완드의 특성은 정복과 진취력이다. 애초에 헵타드로 집단을 통제하는 건 정말 매우 어려운 일이다. 왕인 리더를 존경하고 왕이 집단을 존중하지 않았으면 그 사회는 폭발했을 것이다. 그러다가 안정이 되어버리면 상황은 걷잡을 수 없이 빠른 속도로 발전하게 된다. 매우 좋은 현상이라고 생각할 수도 있겠지만 사회가 인간이 따라가기 힘들 정도로 빠르게 급변하게 된다. 그 속도가 지나치게 빨라지면 사건이 일어난 뒤 정책을 세우는 일이 발생한다. 미리 대비하는 게 매우 어려워진다. 그리고 오그도아드에 접어든 완드는 헵타드를 다시 불러와야 하는 번거로움이 있다. 오그도아드가 가져오는 진취력과 헵타드의 억압력은 항상 부딪힐 수밖에 없다. 완드 속성상 오그도아드의 진취력이 더욱 강력하다. 완드의 헵타드는 인위적으로 만들어야 하지만 오그도아드는 수많은 방향에서 수집될 수 있으므로 유연하고 빠르게 헵타드의 대책을 뚫어 버린다. 앞서 말한 오그도아드의 음의 에너지란 이런 각 속성의 부정적 에너지를 말하는 것이다.

이런 현상을 개인의 성향으로 변환하면 '매우 자유롭고 자연스럽게 자신의 행동을 결정하는 성향, 욱하고 즉흥적인 성향'이 된다.

컵+8 : 인간 케어에 대한 에러

교황이 헵타드를 통한 정신적인 혹사가 해결되었을 때를 생각해보자. 내 가족, 친구, 주변의 이웃, 나라의 빈곤층, 이웃 나라에서 온 이민자, 병든 자 등등 어떻게 이들을 돌봐야 할지 방법을 구상하고 세우게 된다. 냉정하게 생각하자. 사람을 살리고 돌보는데 필요한 건 무엇인가. 사랑? 아니다. '돈'이다.

컵은 현실 직시가 늦는 게 단점이다. 더군다나 컵이 처음으로 현실을 확실하게 인지하는 시기가 오그도아드이기 때문에 매우 강력한 타격을 입게 된다. 디아드 시절 자신이 할 수 있는 것과 없는 것을 구분할 때까지만 해도 자신에게 힘이 없다고 무의식적으로 현실을 회피한다. 펜타드였을 때도 '내가 좀 더 고생하면 돼'라고 회피한다. 컵의 성향은 항상 로망을 품는다. 지금은 안 돼도 나중엔 될 거야 하고. 그런데 컵이 원하는 바는 컵만 가지고는 절대 이루어질 수 없다.

컵은 펜타클을 거척 한다. 펜타클은 헵타드에서 돈에 대한 회의감을 느끼고 있을 정도로 매우 부유하다. 여기서 컵은 펜타클에 손을 벌려야 하는 매우 굴욕적인 상황에 부닥치게 된다.

교황이 힘든 사람을 구하기 위해 돈이 필요하니 돈 좀 달라고 하고 기업들에 손을 벌리는 것이다. 지금까지 기업들에 '너네는 비인간적이야 너희는 인간이 가지는 고통을 몰라'라며 비난하고 아래로 보고 있었는데 이제는 그렇게 못하게 된 것이다.

사람 구하고 사람을 돕는 일에도 반드시 물리력이 필요하다. 그것을 단지 종교와 사랑으로 이끌기는 어렵다.[11] 물론 이것에 대해 도움을 받기 위해 컵은 우회하여 완드에 도움을 요청한다. 완드와 펜타클은 서로 이해관계가 통하므로 컵을 도와줄 수는 있다. 이것이 현실 세계에서 일어나는 일이고 컵+8은 별개로 이런 상황에 부닥친 교황의 심정이다. 자신의 손으로 자신의 힘으로 도와주고 싶었다. 누구의 도움 없이 자신이 도와주는 것이 목적이고 그렇게 되기 위해 여기까지 올라왔는데 정작 할 수 있는 건 도움을 요청하는 것뿐이다. 이것에 대한 좌절감은 정말 상상할 수 없을 것이다.

컵이 제일 힘들어하는 구간이 오그도아드와 헵타드의 진동 구간이다. 사람을 돕겠다는 로망을 품고 그것을 할 수 없다는 현실을 직시하고 다시 꿈을 꾸고 현실을 직시하고를 반복한다. 여기서 균형을 잘 맞추는 것이 진짜 컵의 길로 가게 된다. 균형을 못 맞추고 한쪽으로 기울게 되면 이단 교주로 전락할 수 있다.

이를 개인의 성향으로 변환하면 '쌓아두는 성향으로 인내심이 강해 보이지만 유리 같은 정신력으로 버둥버둥 버티는 성향'이다.

소드+8 : 자신의 행동을 반성하는 은둔자

헵타드의 은둔자는 자신이 승리하기 위해 수단과 방법을 가리지 않는다. 자신감이 생긴 그는 거침이 없다. 하지만 주변의 모든 사람은 그가 거짓말을 하고 있으며 지기 싫어서 그런 행동을 하고 있다는 것을 다 알

---

11) 설명에서의 교황은 우리가 일반적으로 알고 있는 교황이 아니라 원소를 캐릭터로 의인화하여 이해하기 쉽게 함이므로 사회적인 형태를 극단적으로 표현하고 설명하는 것에 이해 바란다.

고 있다. 처음엔 동정의 눈으로 그를 보지만 점점 멀어지게 된다. 결국 남는 건 이런 은둔자를 이용하려는 완드 계열 정치인들뿐이다.

패배자 시절부터 겪어온 온갖 시련들은 소드의 입장에선 매우 혹독한 것이었고, 이 때문에 소드는 세상에 대한 불만이 그들의 기저에 깊게 뿌리박혀 있다. 이 불만은 사회에서 쟁점이 된다. 쟁점이 되면 정책에 반영되기 쉽다. 자신에게 유리한 불만이면 그것을 손 하나 더럽히지 않고 이슈화하기 쉽다. 즉, 은둔자는 또 속는다. 자기만족뿐인 승리만 남는다. 승부란 혼자서 할 수 없다. 누군가와 대결하기 위해 찾아다니지만 아무도 상대해주지 않는다. 상대해주는 것들은 자신보다 한 수 위의 거짓말을 한다. 사실 소드+8의 형태는 도전적인 형태는 아니다. 그들은 싸우기 위해 사람들과 소통하는 것이 아니다. 적어도 그들은 그렇게 생각한다. 그러나 타인 입장에선 싸움 거는 것이고 그들은 실제로 싸움을 걸고 있는 것이다. 소드의 나쁜 버릇인 자기 정당화가 여기서도 여전히 발생한다.

소드의 오그도아드는 이처럼 객관적인 정보를 한 번에 때려 넣는 방식으로 인간을 조율하는 에너지이다. 은둔자는 오그도아드를 받아들이고 고립된다. 자신이 무엇을 잘못했는지 잘 모르겠지만 잘못 돌아가고 있다는 것을 짐작한다. 그리고 자중한다. 자중하게 되면 또 사람이 모인다. 또 헵타드를 한다. 그렇게 되면 또 오그도아드가 온다. 오그도아드는 소드를 이런 식으로 고립 형태를 만들어 소드를 괴롭힌다. 아니 오히려 교육에 가깝다. 악의가 없기 때문이다. 은둔자는 이렇게 헵타드와 오그도아드를 반복적으로 거치면서 중간지점인 엔네아드를 찾게 된다. 개인의 성향으로 변환하면 '자신이 무엇을 잘못했는지 모르는 아둔하고 미련한 성향, 자신을 객관적으로 보지 못해 힘들어질 성향'이다.

펜타클+8 : 비전을 찾지 못한 상인

헵타드의 상인은 자신이 가진 돈보다 더 가치 있는 것에 굶주린다. 이를 비전이라고 하고 이 비전을 빨리 찾기 위해선 앞서 말한 은둔자에게 도움을 주면서 깨달아야 하지만 절대 그렇게 하지 않는다. 당연하게도 오그도아드로 넘어가게 된다. 상인이 오그도아드에 멈췄다는 것은 비전을 찾지 못했다는 것이다. 그렇다고 자신이 하는 일을 관둘 수 없다. 왜냐하면, 헥사드에서 '이익'이 진리는 것 깨달았기 때문이다. 이익을 추구하다 보면 또 뭔가를 볼 수 있을 것이라 마음으론 굳게 생각한다. 그러나 실제론 그렇지 못하다. 돈은 계속 쌓인다. 또 헵타드로 가서 비전을 찾는다. 아쉬운 게 있다. 비전을 찾지 못하면 다시 오그도아드로 와서 기계적인 이익 추구를 진행한다.

앞서 말한 것처럼 헵타드와 오그도아드의 균형이 맞지 않고 한쪽으로 기울게 되면 비도덕적인 현상으로 발출된다. 오그도아드 쪽으로 기울면 '어차피 비전 따위 없어'라고 포기하며 도박이나 갑질 등으로 자신이 이익을 추구하는 이유를 찾는다. 헵타드로 기울면 '이익을 추구하는 게 맞지 않아…' 라고 포기하게 되고 이도 저도 아닌 상태로 술, 여자, 명품 등으로 탕진하게 된다. 펜타클+8은 오그도아드에 멈춰있는 현상을 사진처럼 찍은 것뿐이다. 이것이 헵타드로 넘어갈지 오그도아드에 먹힐지는 두고 봐야 할 것이다.

개인의 성향으로 변환하면 '매사에 흥미가 없이 기계적으로 누군가가 시키는 것만 하는 수동적인 성향'이 된다.

슈트+9

숫자 9는 '엔네아드'와 '이소드'이다. 엔네아드는 트라이어드가 3중첩이 된 형상을 상징으로 한다.

엔네아드는 숫자의 흐름으로는 헵타드와 오그도아드의 수많은 진동 속에서 하나의 답을 찾은 현상을 말한다. 모나드에서부터 찾고자 했던 것을 찾는 순간이 엔네아드이다.

헵타드에선 가능하다고 여겼던 것이 오그도아드가 보여주는 현실에 부딪혀 좌절한다. 인간은 이를 쉽게 인정하지 않으며 사실 인정해서도 안 된다. 이 두 가지의 숫자와 자신은 합의해야 하고 그 합의를 거쳐 현실에도 저촉되지 않으며 자신도 이해할 뿐만 아니라 자신의 이상 또한 해결할 수 있는 해결된 상태를 말한다.

트라이어드의 안정, 헥사드의 완성, 엔네아드의 해결 순서를 설명하기 위해 3×3으로 많이 표현하고 이야기한다. 자칫 오해할 수 있는데 엔네아드는 해결을 위한 숫자가 아니다. 7과 8의 사이에서 결정된 방안 및 방법의 형태이다. 이를 해결된 상태로 볼뿐이지 엔네아드 자체가 해결을 해주는 성격은 아니다.

완드+9 : 헌법의 제정

왕은 오그도아드와 헵타드를 번갈아 가며 나라를 안정시켜 간다. 발전과 제약이 쌓이고 쌓이면서 헌법이 만들어지고 사상이 만들어지며 이해관계가 맞는 사람끼리 뭉친다. 왕은 이 사람들 사이에 끼어있는 형태가 된다. 당쟁이 곳곳에서 일어나고 법을 이용하여 이익을 취하는 자도 생기며, 자신의 영토와 경제에 간섭하고 견제하는 이웃 나라도 존재한다. 이젠 왕이 아닌 듯한 느낌이 든다.

헵타드와 오그도아드를 통해 얻은 해결책은 '헌법'이였지만 왕으로서는 자신보다 '헌법'이 더욱 왕이 되었다고 생각한다. 중립을 지켜야 하는 위치와 자신을 이용하려는 자들 결정권을 자신이 가지고 있더라도 자신이 원하는 것을 결정할 수 없을 정도까지 사태가 흘러간다. 완드는 개인적일 때 힘을 발휘하고 집단과 사회, 세계로 점차 세력이 커지면 그힘이 제약된다. 모나드일 때의 완드의 순수한 진취력과 정복력은 엔네아드로 마무리하면서 최초의 목적과는 다른 형태로 자신을 옭아맨다.

이를 개인의 성향으로 변환하면 '중립적인 성향을 보여주지만 중재하려는 형태가 아닌 할 수 있는 게 없어서 중립을 지키는 성향'이다.

컵+9 : 자기애의 발현

컵 성향의 장점은 대중적인 시야로 상황을 파악한다는 점이다. 반대로 단점은 지나친 대중적인 시야 때문에 자신을 잊어버리게 되는 점이다. 자신의 주변부터 생각하고 돌보자고 마음먹었던 교황은 그마저도 현실의 벽에 부딪힌다는 것을 깨닫고 괴로워한다. 이것이 반복되면서 교황은 누군가를 지키고 돌보기 위해선 현실도 중요하고 마음도 중요하다고 생각하게 된다. 교황의 합의점은 둘 중 하나를 선택하거나 불필요하다고 버리는 것이 아니라 둘 다 사랑하다가 된다. 자신이 극히 싫어하는 펜타클마저 사랑하겠다는 각오를 다진다. 펜타클을 사랑하고 받아들인 컵은 펜타클의 개인주의적 성향으로 빨려 들어가게 된다.[12]

펜타클과 컵의 균형이 맞게 되면 현실과 타인을 번갈아 가며 판단할 할 수 있는 시야가 생기고 그제야 자기 자신을 돌본 적이 없다는 것을 깨닫는다. 트라이어드와 헥사드, 오그도아드가 광범위해지려는 사랑의 크기를 제한하려 했는지 깨닫게 된다.

자신을 사랑해야 타인도 사랑할 수 있고 자신을 사랑하기 위해선 자기 발전이 필요하며 자신의 사상을 강하게 고집하는 것도 필요하다는 것을 알게 된다. 이때쯤 컵이 이상향으로 잡는 완드의 장점인 진취력의 실마리를 잡게 된다. 교황 개인적인 사정이야 이렇게 좋게 흘러가지만, 실제 교황을 보고 있는 사람들은 반대로 느끼게 된다. 앞서 말했듯 펜타클을 받아들이며 개인적인 성향으로 변질하는 것만 보게 된다. 컵이 빠져나갔기 때문이다. 그래서 굉장히 인색한 사람처럼 느끼게 된다. 마치 항상 잘해주고 관심을 둬 주던 사람이 갑자기 관심을 안 주는 것처럼 느껴지는 것과 같다.

이것을 개인의 성향으로 변환하면 '사람에 대한 호불호가 확실하고 자기애가 강한 성향'으로 해석할 수 있다.

---

12) 거척 속성의 원소 인정하고 받아들이게 되면 그 속성에 감화되어 본래 있었던 원소를 등한시하는 경향이 있다. 컵이 펜타클을 받아들이게 되면 겉보기엔 5:5의 비율로 보일 수 있지만, 실제론 컵10 : 펜타클 0에서 5:5로 만드는 것이기에 절반의 비율로 컵이 빠져나가는 현상이다. 수학적으로 보면 당연한 순서지만 인간의 심리와 상황으로 보면 매우 큰 변화로 보일 수 있다.

소드+9 : 은둔자의 좌절

자신을 믿고 자신이 혼자가 아님을 깨닫게 되어 자신을 사랑할 줄 알게 되고 더 나아가 세상에 마주할 용기가 생긴 소드의 헵타드와, 그렇게 하면 헵타드에 지나치게 의존하고 그것으로 인해 타인으로부터 배척받는 오그도아드가 충돌하면서 은둔자는 어떠한 합의점도 찾을 수 없게 된다. 아니 정확히 말하면 합의하기 위해선 자신이 지금까지 생각했던 것이 전부 잘못되었다고 부정해야만 한다.

결국 소드가 지금까지 행해왔던 모든 일련의 알고리즘은 전부 '승리'에의 집착이었고, 본인은 알지 못한 이 부분을 깨닫고 다시 돌아보게 된다. 본인 의사는 그것이 아닐지라도 이젠 자신 스스로 이기는 것에 집착했다는 것을 깨닫게 된다. 이기는 것에만 주안점을 주다 보니 자신의 단점부터 보게 되었고 트라이어드는 단점을 받아들이라는 의미를 주려고 했다. 그러나 자신의 단점을 확인한 꼴밖에 안 된 것이고 헥사드 또한 너의 단점도 장점이 될 수 있다는 것을 가르쳐주려 했지만 불필요한 자신감으로 오해한 꼴이 되었다.

소드, 즉 공기와 바브(Vav)의 약점은 너무 빠르다는 것이고, 이 빠름을 인간의 내면으로 가져오면, 생각을 빠르게 하다 보니 단순화하게 된다는 약점을 가지게 된다.

결국 헵타드와 오그도아드의 충돌 진동에서 은둔자라는 캐릭터에 맞게 사회 생황을 끊어버린다. 이길 수도 없고 그렇다고 지기는 싫다. 이기고자 하니 사람은 떠나고 지고자 하니 나를 이용하려는 사람만 보인다. 여기서 소드의 합리적인 판단은 은둔이다. 세상과 단절하는 것이 자신이 선택할 수 있는 최선의 길이 된다.

인간은 모두 이런 소드의 성향을 어느 정도 품고 있다. 실제 인간이 이런 절망적인 에너지를 쉽게 접할 수 없는 이유는 다른 원소들이 이 소드를 돌봐주기 때문이다. 특히 펜타클의 보살핌이 가장 좋다. 복잡하고 많은 말보다 단순한 독설이 이 소드에는 필요하고 인간의 내부에선 자신의 이런 소드의 패턴을 스스로 비판하고 자중하는 방식으로 자신을 돌본다.

엔네아드의 소드를 펜타클이 돌보는 과정을 우리는 '반성'이라고 부른다. 엔네아드의 소드 단일로 봤을 때 펜타클의 개입이 전혀 있을 수 없으므로 굉장히 심한 좌절과 우울감에 빠지게 된다.

이를 개인의 성향으로 변환하면 '조울증과 비슷한 기분 변화가 심한 성향'으로 판단할 수 있다.

펜타클+9 : 비전을 찾은 상인

헵타드와 오그도아드를 통해 자신이 진정 원했던 것과 맞는 삶의 방향을 찾기 위해 고민하는 상인은 이익을 기반으로 한 기계적 성실함과 비전 고민을 반복적으로 하면서 자신이 만족할 수 있는 삶과 직결된 방법을 찾게 된다. 진정으로 자신이 원했던 비전을 찾게 되는 것이다.

헵타드의 고민만으로는 찾을 수 없고 수동적으로 세상에 타협하기만 해서는 이 비전을 찾을 수 없다. 그래서 상인은 수동적인 삶을 버리고 능동적인 삶을 선택을 한다. 그리고 고민이 아닌 이 능동적인 선택을 실행으로 옮긴다.

상인이 비판자 시절에 원했던 것은 '세상의 변화'였다. 자신은 정치할 수 있는 왕이 될 수 없다는 것 잘 알고 있다. 그건 완드나 하는 짓으로 치부했다. 그러나 완드와 비견할 만한 물리력을 가지고 있는 것이 펜타클이다. 자신의 물리력인 자금으로 자신만의 파라다이스를 만들어낸다. 정치가 아닌 이익과 계산으로 이루어진 세계를 만들면 자신이 원하는 목적도 수렴되고 세상과 수동적으로 타협할 필요도 없게 되기 때문이다. 지금까지 자신의 틀 안에서 갑갑하게 지내오던 펜타클은 엔네아드에 와서 숨통이 트인다.

이를 개인의 성향으로 변환하면 '능동적인 행동과 논리적인 사고방식을 가진 성향'이다.

슈트+10

숫자 10은 '데카드'와 '말쿠트'이다. 이 숫자 10은 특별한 의미가 있다. 새로운 세계로의 진입을 의미한다. '격변'이다.

1~9의 숫자와 10의 차이점은 '시점과 범위'이다. 1~9까지는 주제 유형에 따른 시점으로 따라가면 된다. 그러나 숫자 10은 전지적 시점으로 1~9까지의 모든 과정을 하나의 이야기로 묶어 본다. 그뿐만 아니라 1~9까지의 숫자들은 각각의 숫자 이거나 앞뒤의 숫자, 이전의 숫자들 등의 여러 가지 작은 범위 안에서 이해되었지만, 숫자 10은 모든 숫자를 전부 엮어본다. 1~9까지의 흐름을 가진 주제가 결국 무엇이 되는지를 보여주는 것 숫자 10이다.

완드+10 : 결국 아무것도 정복하지 못한 왕

모나드부터 엔네아드까지의 이야기를 살펴보면 왕이 원했던 실제 목적의 전제는 개인이 가진 진취력과 아이디어 그리고 정복욕의 해소일 것이다. 자신의 욕구를 해결하는 데 필요한 것들을 찾는 과정에서 타인의 조언과 힘이 필요함을 느꼈고 실제로 이 사람들에 대한 신뢰를 구축하는 것이 자신에게 도움이 될 것이라 여겼으며 효과가 있었다고 확신했다. 그렇지만 점차 덩치가 커지면서 자신이 가진 권력과 힘이 정복이 아닌 제약으로 흘러간다. 결국 엔네아드인 당쟁과 분쟁, 헌법을 사용한 분쟁 제압으로 집단은 안정화했지만 결국 왕이 얻은 건 꼭두각시 같은 책임감밖에 없다. 자신이 정복하고 자신의 힘으로 올라온 것이 아니니 할 말도 없다. 결정에 대한 책임, 중재에 대한 책임, 강압에 대한 책임, 실패에 대한 책임, 성공에 대한 책임 등등 자신의 욕구를 위해 살아왔던 결과는 책임밖에 남지 않는다.

개인의 성향으로 변환하면 '우물쭈물한 성향, 자신이 모든 것을 떠맡고도 말하지 못하는 성향'으로 생각할 수 있다.

컵+10 : 결국 모든 것을 사랑할 수 있게 된 교황

컵의 엔네아드에서 설명했듯 컵의 문제는 자신을 알지 못할 정도로 타인의 시선으로 세상을 본다는 점이다. 컵의 목적은 '모든 사람을 사랑하고 돌보자'이다.

컵은 자신의 주변 사람 그리고 자신이 모르는 사람들까지 돌보려 노력했다. 그러나 정작 엔네아드에서 깨닫기 전까지 자기 자신을 위한 삶이 없었다. 이는 펜타드에서 잘 나타난다. 자신을 혹사해 세상을 구하려는 형태는 살신성인의 자세이지만 자신에 대한 가혹 행위이다. 컵이 진정으로 완성도려면 자신을 사랑할 줄 아는 게 제일 중요한 꼴이 된다.

결국 엔네아드에 도달해서 진정한 컵의 모습으로 도달하게 된다. 나, 너,

우리라는 3개의 집단을 모두 사랑하고 돌볼 수 있는 깔끔하고 깨끗하며 군더더기 없는 사랑의 형태가 완성된다.

우리는 지금 자신의 가족을 챙기지 않으면서 자신을 착한 사람으로 생각하는지, 자신을 챙기지 않으면서 자신을 착한 사람으로 생각하는지 잘 고찰해봐야 한다.

컵은 엔네아드에서 교황이길 버린 셈이다. 우리도 교황이 될 수 없다. 세상을 구하기 위한 엄청난 기부를 할 수도 없고 악당들을 물리치는 영웅이 될 수 없다. 그저 치킨 한 마리를 함께 먹을 수 있는 가족을 챙기는 것이 우리에겐 진짜 사랑이 되는 것이다.

이를 개인의 성향으로 변환하면 '소소하지만 확실한 행복을 느끼고 고마워할 줄 아는 성향'으로 생각할 수 있다.

소드+10 : 상처만 남은 은둔자

소드의 최초 목적은 자신이 인정받기 위한 대외적인 승리였다. 시작을 자신의 단점 찾기부터 시작하였지만 진행되는 이야기의 흐름으로는 승리를 위한 열등감 회복이 우선되었다. 결국 엔네아드에서 자신을 세상과 격리하면서 좌절하게 된다. 끝까지 승리라는 단어를 찾지 못하게 된 것이다. 결국 패배만 경험했을 뿐이고 자신에 대한 부정밖에 남지 않았다. 그것이 타인 때문이라고 회피도 하기 어려울 정도로 자신이 오해하고 잘못 판단한 부분이기에 더더욱 상처는 깊어진다.

이를 개인의 성향으로 변환하면 '상처에 익숙한 성향 담담해 보이지만 패배감에 휩싸여있는 성향'이라고 생각할 수 있다.

펜타클+10 : 천국을 만든 상인

펜타클의 목적은 자신의 사상을 관철하여 세상을 바꾸는 것이다. 이 목적을 이루기 위해 움직였던 모든 일련의 이야기들이 가지는 모습에서 자신의 사상의 대중성을 만드는 모습과 그것이 올바른 행동인지에 대한 고찰, 그가 세상에 필요한 것이 무엇인지를 고집스럽게 찾아가는 것을 느꼈다.

엔네아드에서 결정한 자신만의 세계로의 구축을 통해 자유롭게 자신이 가진 고민을 탈피했고 그 결과는 사회와 동떨어진 파라다이스가 구축되게 된다. 봉건주의 안에서 자본주의를 만들어냈다고 한다면 이해가 쉬울 것이다. 왕권 옹립 시대에서 계급사회에 대한 회의, 노력에 대한 보상 없는 사회에 대한 탄압을 위해 노력했지만, 일개 상인은 사회를 바꿀 수 없다. 그래서 본인이 그 사상의 왕이 되기 위해 기존의 사회에서 빠져나온다.

인간사회에서 펜타클 10으로 구축된 여러 가지 단체와 각 종사상으로 만들어진 집단이 존재한다. 그것이 커져서 나라가 되거나 국가보다 더욱 강력한 힘을 가지는 경우도 생긴다. 이것이 펜타클 10의 에너지 발현이다.

이를 개인의 성향으로 변환하면 '자신만의 세계관을 가진 고집스러운 성향'으로 변환할 수 있다.

타로의 공부 방향

위의 해석 풀이는 '표지자'를 선택해야 할 경우, 가볍게 한 장의 카드로 '성향'을 '짐작'하는 해석이다. 한마디로 기본적인 1차원적 해석이고, 게다가 수비학과 4원소만을 사용한 해석이기 때문에 완벽하게 설명하기 어렵다.

위의 해석의 방향은 '성향'에 집중되어 있다. 그래서 캐릭터 설정뿐만 아니라 대체적인 고찰 방향이 개인의 성향으로 많이 묶여 있다.

당연하겠지만 타로를 해석할 때 '성향'만 보진 않는다. '연애', '사업', '법적인 문제', '금전', '특정 상황묘사' 등등 여러 가지 유형들이 존재한다. 제일 좋은 방법은 각각의 유형별로 위처럼 자신만의 고찰을 풀이해두는 것이 바람직하다.

그냥 읽지 말고 직접 공책과 펜을 들고 다음의 유형들을 이 책에서 공부한 내용을 토대로 하나하나 만들어 보자.

〈대표적인 타로 질문 유형〉

- 연애운

- 연애 성향

- 로망 포인트

- 성관계에 대한 인식

- 연애 가치관

- 사업 및 금전운

- 사업 스타일

- 경제 개념

- 기업 자체의 스타일

- 인사관리 개념

- 인간관계

- 도덕의 방향성

- 타인의 시점

- 타인 또는 개인의 행동 패턴

- 학업

- 공부 스타일

- 비전

- 가치관

- 개인의 성향(8부 본문 내용에 해당한다)

대략 앞의 유형 스타일을 이론을 토대로 자신만의 고찰을 정리해 두면 해석할 때 아주 편해진다. 그러나 이렇게 많은 작업을 하나하나 하려고 하면 꽤 시간도 걸리고 힘들 것이다. 이 책을 읽으면서 자신이 가지고 있는 타로 덱의 이미지를 살짝살짝 떠올리지 않았을까 생각한다. 모든 타로 덱은 이런 이론들을 이미지로 덮어둔다. 그래서 상징 공부만으로 충분히 타로 해석이 가능하게 된다.

그러나 그런 공부는 하나의 덱밖에 해석할 수 없으므로 다른 타입의 해석들을 배척하고 편견의 눈으로 볼 수밖에 없다. 따라서 타로를 공부할 때 상징을 공부하고 이론을 공부해도 좋지만, 이론부터 공부한 뒤에 상징을 보면 더욱 많은 것을 보고 느낄 수 있게 된다.

위의 해석을 어렵더라도 차근차근 읽어보면 각 카드의 캐릭터들이 움직이는 형태와 감정의 변화를 볼 수 있다. 물론 위의 고찰은 독자의 해석에 도움이 되기 위한 본보기일 뿐이며, 개인적인 고찰이다. 그러나 순수하게 이론으로만 고찰해도 당신이 가진 타로 덱의 이미지 또는 키워드들과 흡사한 내용을 보여줄 수 있다.

여기서 만약 자신의 타로 덱의 이미지와 키워드가 필자가 말한 해석 방향과 다른 뉘앙스를 가진다면 그 작가는 자신만의 개성을 가지고 '수비학 4원소'를 표현한 덱일 것이다. 그 부분이 무엇인지 이론과 대조하며 분석하다 보면 이미 당신은 그 덱의 고수가 되어있을 것이다.

8부

타로 매트릭스 해석2
(3카드)

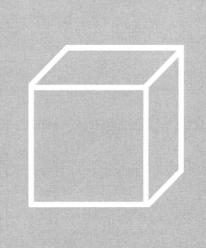

매트릭스 체계를 사용하면 카드 1장으로도 해석을 유려하게 할 수 있다. 그러나 이는 대중적인 방법은 아니다. 다시 말하면 전문가들이나 할 법한 해석 기술이다. 대중적인 방법은 기본적으로 3장의 카드를 사용하는 것이다. 3장의 핍 카드를 예시로 들어 해석하는 방법과 가이드를 살펴보자.

성향 분석

뜬금없이 해석 방법을 설명하면 매우 어렵게 느껴질 수 있다. 그래서 우선 3카드를 사용한 성향 분석으로 해석 기능의 기본을 살펴본다. 우선 타로를 해석할 때 필요한 것은 질문이다.[1]

성향에 관련된 질문은 다음과 같이 나눌 수 있다.

> 나는 어떤 성향인가?
> 저 사람은 어떤 성향인가?
> 우리 집단은 어떤 성향인가?

위처럼 주체를 먼저 잡는 게 중요하다. 이 책에서는 1번인 '나는 어떤 성향인가'를 예시로 풀어보겠다.

---

1) 장재웅 (2018) '타로 해석학 개론', 북랩, p85

〈성향 분석 3카드 예시〉

질   문 : 저는 어떤 사람인가요.

스프레드 : 3카드(과거, 현재, 미래)

카   드 : 과거 : 컵+7,   현재 : 완드+1,   미래 : 펜타클+9

카드만 보고 바로 해석이 나오지 않을 때는 우선 질문에 대한 답을 카드를 넣어 스프레드에 맞게 문장을 만들어 본다.

답변 1 : 대입

당신은 '컵+7' 했기 때문에 '완드+1' 성향으로 보이는데, 앞으로는 이것의 영향으로 '펜타클+9' 성향이 될 것입니다.

위의 답변을 만들었다면 카드가 들어간 자리에 자신이 카드마다 공부하며 이해한 키워드들을 넣어본다.

답변 2 : 키워드 변환

당신은 '줏대 없지만, 의리 있는 성향'이었습니다. 이 때문에 '모든 것을 다 자신의 것으로 만들려는' 성향으로 보이게 되었고, 이런 영향에 의해 '능동적인 행동과 논리적인 사고방식'을 가진 성향이 될 것입니다.

위처럼 문장을 만들어낼 수 있다. 이 문장은 의미를 이해하기 불편한 흐름이므로 정리를 해야 한다. 정리하다 보면 문장과 문장이 연결이 안 되는 부분이 많아지는데 그 부분을 연결하기 위한 특별한 사건이나 이벤트를 찾아내는 연습을 하면 더욱 풍부한 해석이 될 수 있다. 이를 사칙연산 해석법[2]으로 정리하면 좀 더 매끄럽게 된다.

답변 3 : 정리

당신은 줏대 없이 의리 있는 성향이었어요. 이런 성향에 의해 모든 것을 자신의 것으로 만들려고 하게 되는데. [과거+현재 사칙연산 해석][3]

사람들 구분 없이 잘해주었는데(줏대 없고 의리만 있었으므로) 그런 사람들에게 어떤 보상을 바랐던 것이 아닐까(의리만 있었는데 불구하고 자신의 것으로 만들려는 정복욕이 생겼다는 것은 자신의 의리에 대한 '보상'을 받으려는 심리가 생긴 것으로 파악됨) 생각됩니다.

이 과정에서 당신은 논리적인 사고방식과 능동적인 행동을 보여주는 성향으로 발전하게 될 것인데, [(과거+현재)+미래 사칙연산 해석]

스스로 상대방에게 너무 많은 것을 해주고 있다고 깨닫고 지금 갖는 보상 심리에 대한 의문을 품게 되는 계기가 있었을 것입니다. 그 과정에서 자신이 가지는 심리가 이기적인 형태로 타인에게 비치고 있다고 자각했던 것 같고, 자신이 해준 것에 대한 보상을 바라는 것이 자신을 고통스럽게 만든다고 깨닫게 될 것입니다.

그 때문에 상대방에게 더욱 유연하게 자신이 하고 싶은 행동을 할 수 있습니다. 또한 줏대 없이 아무에게나 해주던 호의를 논리적으로 걸러내

---

2) 장재웅 (2018) '타로 해석학 개론', 북랩, p105
3) 장재웅 (2018) '타로 해석학 개론', 북랩, p122

고 판단하여 행동하는 다소 냉정해 보일 수 있지만, 안정감 있으니 배려해줄 수 있는 사람이 될 것입니다.

이처럼 해석할 수 있고 그 과정에서 나타나는 확장 해석을 꾸준히 연습하고 확인하는 것이 타로 해석을 유연하게 하는 기초적인 방법이다.

답변 4 : 실제 답변

사람들에게 친절한 성품을 선천적으로 가지고 있습니다. 사람들을 굉장히 좋아하고 아끼는 분이지만 모든 사람에게 잘해주려다 보니 도리어 신뢰를 잃기 쉽습니다. 이 또한 선천적입니다. 아마도 이런 성향에 대해서 짐작하는 것이 있을 것이고, 이 성향 때문에 피해를 본 경험도 있었던 것 같습니다. 자신의 친절함이 사람들에게 너무 가볍게 전달되다 보니 자신이 노력한 그것에 비교해 인정을 많이 못 받는 경향이 있어요. 이런 부분이 쌓여서 자신의 친절함을 마치 무기처럼 사용하며 집착하는 경우가 종종 있습니다. 지금 당장은 사실 자신의 행동과 인성에 대해 어찌해야 할지 모르고 있습니다. 신뢰를 회복하는 것이 당면한 과제라고 보여요. 누구에게나 잘해주고 인정받고 싶다고 하지만 직접 경험하셨듯 인정하는 사람에 비해 인정하지 않고 오히려 이용하려는 사람들이 더 많다고 느꼈을 거예요. 그렇다면 미리 이용할 것 같은 사람과 자신의 호의를 알아줄 것 같은 사람을 구분하는 연습을 하고 자신의 호의를 알아주는 사람에게 좀 더 많은 배려를 투자하는 것이 어떨까요?

정리와 고찰을 계속 연습하다 보면 위처럼 깔끔하면서 유연한 해석 문장을 만들 수 있다.

연애 분석

위의 지침을 숙지했다면 다른 유형의 해석을 연습해보면 좋다. 물론 되도록 사전에 이론을 통해 유형별로 자신의 고찰을 정리해두는 것이 수월하다. 마찬가지로 질문을 잘 보고 질문을 분석해야 하는데 질문의 분석은 '주체, 시제, 속성'을 중심으로 진행한다.[4]

 질 문 ：상대방 남자와 사귈 수 있을까?
 스프레드 ：3카드(과거. 현재, 미래)
 카 드 ：과거 : 컵+8, 현재 : 소드+2, 미래 : 완드+10

예시의 질문은 "상대방 남자와 사귈 수 있을까?"이므로 주체는 '내'가 사귀는 것이므로 '1인칭'이다. 시제는 '있을까?'이므로 현재형이다. 속성

---

4) 장재웅 (2018) '타로 해석학 개론'. 북랩, p85

은 연애 관련 질문이므로 '물' 속성이다. 이것도 마찬가지로 질문에 대한 답변에 카드를 넣어서 문장을 만들어 본다.

답변 1 : 대입

당신은 이 남자와 '컵+8' 했고, 지금은 '소드+2'이므로 '완드+10'하게 될 것입니다.

답변 2 : 키워드 변환

당신은 이 남자와의 관계에서 '소통할 수 없어 좌절'했고, 지금은 '상대방과 만남을 어떻게 진행할 수 있을지 계산'하고 있으며, '어렵지만 새로운 관계'가 될 것입니다.

답변 3 : 정리

당신은 이 남자와의 관계에서 소통할 수 없어 좌절했고 지금은 어떻게 만남을 진행할 수 있을지 계산하고 있습니다.

아마도 이전에 관계가 진전되다가 틀어졌던 경험이 있었던 듯싶습니다. 그때는 당신이 이 남자에 대해서 잘 모르는 상태였고 다소 개인주의적 성향으로 이 남자를 자신의 것으로 만들려고 하지 않았나 싶습니다.

앞으로 어렵지만 새로운 관계가 될 것입니다.

생각보다 이전의 관계에서 나쁘게 틀어진 것이 아닌 것으로 보이고 내담자 혼자서 짝사랑하다가 마음의 상처를 입었던 것이 아닐까 합니다.

그때는 아마도 내담자는 상대방이 자신의 감정을 몰라준다고 오해했을 것 같은데 실제론 이 남자는 내담자가 좋아하는 것에 대해 인지조차 못할 수도 있다는 가정을 시간이 지나서 떠올린 것 같습니다. 상대방의 입장을 이제 이해할 수 있는 상태가 되신 것 같아요. 그래서 다소 어렵겠지만 지금의 노력이 나쁜 방향으로만 흘러가지는 않을 것 같습니다.

답변 4 : 실제 답변

이 남자와 특별한 관계를 지내왔던 것은 아니지만 예전부터 이 남자분에 대한 마음을 표현하지 못해서 괴로워하고 힘들어했던 것 같습니다. 전체적으로 단기간 짝사랑이었던 것으로 생각되진 않아요. 그리고 짝사랑 시기에 내담자는 다소 철이 없었고 자신감이 부족했으며 상대방에 대해 이해하기보다 자신의 매력을 보이지 못하는 것에 고민을 많이 했어요. 그렇다 보니 정신 차렸을 땐 상대방을 좋아한다고 했지만 사실 아무것도 알지 못하는 무지한 상태였음을 깨닫게 된 것이 아닐까 합니다.

그래도 긍정적인 것은 지금은 이전보다 꽤 매력적이고 성숙한 상태로 발전된 상태이기 때문에 자신감뿐만 아니라 상대방의 의도를 파악할 수 있는 여유 정도는 생긴 것 같아요. 물론 그렇다고 자신감 넘치게 고백하고 상대를 자신의 것으로 만들기엔 아직도 선천적인 연애 성향인 우유부단함이 무의식중에 나타나게 돼요.

정말 힘들 수 있지만 되도록 즉흥적으로 감정을 부딪치기보다는 어느 정도 그분을 만나기 전에 해야 할 말이나 패턴 등을 미리 정해놓고 행동하는 그것이 더욱 유연하게 대처할 요령이 될 것 같아요.

남자분은 내담자의 마음을 하나하나 점검하고 이해할 만큼 섬세한 타입이 아니에요. 어느 정도는 여자 쪽에서 끌고 가주기도 하고 확실한 표현을 해주는 것이 이 남자분에게 좀 더 호감을 줄 것으로 보여요.

이처럼 연애 성향을 미리 고찰한 뒤 해석으로 인용하면 좀 더 많은 이야기와 경우의 수를 파악할 수 있고 만들어진 경우의 수에서 자신이 합리적이라고 생각하는 부분을 선택해서 해석에 사용하면 부드럽고 전달이 잘되는 해석이 될 수 있다.

타로 매트릭스 해석 연습법

보통 타로 해석을 연습할 때 내담자의 질문을 받아 타로를 펼치고 해석하고 피드백을 받는 식으로 공부를 한다. 물론 혼자서도 할 수 있다. 아무 말도 못 꺼낼 정도로 타로가 어렵고 눈에 들어오지 않는다면 '임의의 내담자'를 설정하여 자기 나름대로 타로를 랜덤하게 정해서 해석 연습을 해보자.

이 공부 방식은 정확도를 올리기 위한 것이 아니다. 정확도를 올리기 위해서는 실제 내담자와 그 내담자의 피드백이 필요하다. 그런데 해석조차 하지 못하는데 정확도를 올리려고 하는 것이 무슨 의미가 있을까? 타로의 해석을 맞든 틀리든 어느 정도 정리해서 이야기할 수 있는 수준을 만들어 두는 게 먼저다.

이 책에서는 연애 관련 타로에 대한 부분만 예로 들었지만 앞서 말한 질문 유형에 맞게 질문을 자유롭게 만들어서 연습해보길 권장한다.

9부

실전 사례

ENNEAD

YESOD

실전 사례를 통해 지금까지 살펴본 이론이 어떻게 적용되는지 알아보자. 8부에서는 임의의 내담자를 설정해 핍 카드만 골라서 해석에 응용했지만 직접 타로를 섞고 내담자와 상담하기 위해서는 메이저 카드와 코트 카드를 모두 넣은 78장으로 운용해야 한다. 따라서 핍 카드만 3카드로 나올 확률이 그렇게 높지 않다. 3장 이상의 스프레드에서 핍 카드만 3장으로 연결된 사례와 다른 구조와 함께 있는 핍 카드의 해석 사례를 제시한다.

사례1 - 올해의 연애운은?

질문 : 2011년 중순쯤 사귀던 남자친구와 헤어졌습니다.
2012년의 전체적인 연애운을 보고 싶습니다.
타로 : 유니버설 웨이트 타로
배열 : 3카드 스프레드 (연초, 연중, 연말)

내담자는 2011년도 중순 사귀던 남자친구와 이별 후 굉장한 실의에 빠졌다. 사람을 많이 만나고 다닐 만큼의 활발함을 가지고 있었으나 이별 후 대인기피증으로 소극적인 사람이 되었다.

2012년도 초 친구의 권유로 스노보드 모임에 기분 전환을 위해 참여했다. 본래 몸을 움직이고 박진감 있는 것을 좋아하는 내담자에겐 꽤 매력적이었다. 그리고 그곳에서 알게 된 보드 강사에게 마음이 갔다. 당시 내담자는 이별의 아픔 때문에 자신감을 잃어서 강사에게 소극적인 태도로 접근했다고 말했다. 그러나 당시 보드 강사는 적극적인 애정 공세로 받아들이고 있었던 것으로 타로에서 보였다. 내담자는 의아해했지만 수주 뒤에 보드강사와 술 먹으면서 "나는 너에게 관심이 간다. 너를 처음 봤을 때 네가 음료수 가져다준 것을 기억하느냐. 그때 눈빛이 살려달라는 눈빛이었다."라고 했다고 피드백을 받았다.

마법사   소드+1   컵+7

몇 개월이 지난 6월 즈음 그 강사하고 이미 교제를 시작하고 있었고, 안부와 함께 연애는 어떻게 되는지 물었는데, 답은 "그냥 그래."였다. 분위기가 좋지 않은 것 같아서 더 묻지 않았고 12월에 만났을 때 그간 상황을 전해 들었다.

그 강사하고는 약 5개월 정도 교제했고 그 과정에서 너무 많은 다툼이 있었다. 다툼의 이유는 다른 남자들이 너무 많은 관심을 가졌고 내담자 본인에게 실수가 있었다. 보드 강사가 질투가 많았고, 이별할 때 너무 자신을 신경 안 써준다고 호소하며 더 만나기 어렵겠다고 전했다고 한다. 이렇게 이별했지만, 작년의 이별에 비교하면 크게 가슴 아프거나 힘들지 않았다고 하고 지금은 남자와 사귈 생각이 없어졌는데 너무 많은 사람이 자신에게 접근하고 있다고 했다.

메이저 카드인 마법사의 위치가 연초에 해당하지만 3카드 특성상 첫 번째 카드가 나머지 두 장의 카드에 대한 기반이 된다. 마법사 다음의 카드인 소드+1과 컵+7이 마법사에게 영향을 줄 방법은 있으나 그것까지 해석하지는 않겠다. 일반적으론 메이저가 기반이 되어 중심을 잡는 스프레드에 나머지가 핍 카드일 때는 핍 카드가 메이저에게 주는 영향을 일단은 생각하지 않고 해석하자. 단, 코트가 배열 안에 있다면 메이저가 기반이 되어도 코트를 절대 무시하면 안 된다.[1]

마법사가 연초이므로 연초에 '연애'는 자신의 매력을 보일 수 있는 공간이나 장소에 노출될 수 있는 확률이 높고 대인관계에서 자신이 주도하는 영향력이 크므로 연애에 관련된 사건들이 많을 수 있다. 자신이 주도적인 관계를 이끌어 가려는 성질이 있는데 그 성질에 대해 자신은 인지하지 못하고 있음을 의미한다. 이것을 상황에 맞게 치환하면 대외적인 활동에서 이성을 만날 기회가 매우 많아지는데 그 안에서 본인이 마음에 드는 상대를 만날 수 있을 것이다. 이를 본인은 표현하지 않는다고 생각하지만, 상대방은 그렇게 느끼지 않는다. 굉장히 유혹적인 태도로 상대방에게 어필할 것이다.

이렇게 만들어진 메이저의 해석을 다음의 핍 카드로 끌고 가게 된다. 소드+1은 '공기', '바브'와 '모나드', '케텔'이다. 성향으로 비유하면 절제자의 발생이다. 7부에서의 소드+1을 참고하면 '자신의 단점을 깨닫는 상태'이다. 연애운이므로 이론을 직접 넣게 되면 '연애에 있어 공기 발생이 시작되는 시기'라고 볼 수 있다. 즉, 연애라는 상황에 대해 자신의 행동에 제약이 걸리게 될 시기이고 그 제약은 스스로가 윤리 도덕을 가늠하

---

1) TIP 정리 : 핍 카드는 메이저에게 주는 영향은 고려해도 되고 고려하지 않아도 좋다. 그러나 코트 카드가 배열 안에 존재할 경우 어디에 위치하든 코트의 영향력은 무시하면 안 된다.

여 만들게 되는 형태가 된다. 이를 해석하면, 불필요한 사람들에 대한 어필이 많아지고 갑작스럽게 몰려오는 관심에 주체를 못 하게 된다. 너무나 당연한 이치이다.

대인관계(물)가 과도하게 유지되는 경우 무의식중 관계 정리(공기)를 하게 된다. 이 관계는 이 두 가지 원소가 연결 구조를 가지기 때문에 성립한다.[2] 좀 더 나아가 소드+1을 한다는 것은 외부에서 컵+10이 들어오고 있다는 이야기된다.[3] 이 관계 정리에는 자신이 마법사로 뿌려놓은 것이 있어서 그들의 잘못이 아닌 자신의 잘못으로 점철된다. 소드+1의 키워드만 본다면 '결단', '결정', '쟁취'의 키워드를 가진다. 특별한 상황에 대해서 자신이 결정을 내려야 한다는 의미로 해석할 수 있을 것이다. 여기서 키워드만 보게 되면 자칫 사귈지 말지에 대한 결정을 해야 하는 것처럼 읽힐 수 있다. 그러나 소드+1은 관계의 발생에 있어서 다소 소극적인 자세를 취하는 것이므로 부정적 결정과 결단의 형태가 많다. 따라서 고민되고 불편한 연애의 시작을 경계하는 형태이거나 고백을 거절하는 형태일 때 많이 나타난다.

마법사의 영향으로 남자가 생길 것은 너무 당연해 보였고, 소드+1로 가면서 연애에 대한 주도권이 내담자에게 가고 있다는 것이 보였기 때문에 연애의 시작은 당연히 있을 것으로 생각했다. 피드백을 듣고 나서 정리해보니 연중의 소드+1은 마법사에서 끌려온 수많은 관심을 잘라내느라 버겁고 힘든 상태였다는 것을 추가로 생각할 수 있게 되었다.

소드+1의 연애에서의 부정적 영향력에서 컵+7이 발생하게 된다.

컵+7은 '물', '헤(Heh)'와 '헵타드', '네자'이다. 이들의 조합을 성향으로

---

2) 5부참고.
3) 6부 숫자의 균질화 참고.

비유하면 '의리 있지만, 줏대 없는 성향'이다. 연애에서 물의 원소와 7번이 오게 되면 자아도취적인 형세가 된다. 누구한테든 잘해줄 수 있는 분위기에 더불어 소드+1의 영향으로 내담자 본인이 쇼핑하듯 선택할 수 있는 형태가 되기 때문에 연애가 아닌 그저 취미와 같은 형태가 된다. 내담자는 이야기하지 않았지만 교재 중에도 다른 사람과의 교류가 지나칠 정도로 많았지 않나 싶다. 보통은 소드+3, 소드+9와 같은 자괴감 뒤에 컵+7이 오면 특별한 사람에게 강한 연정을 품는 형태. 즉, 한 가지 물건에 꽂혀서 그 물건을 무조건 사겠다는 열의를 가지고 접근하는 상황으로 묘사될 수 있다. 그러나 소드+1과 같이 결정을 요구당하거나 강요를 받는 경우 후에 오는 컵+7은 허영심으로 변질되며 마치 '연애 갑질'의 형태가 된다.

해석을 정리하면, 내담자는 연초에 사람들과의 관계를 이어갈 발 빠른 행동과 그 행동 안에서 연애에 대한 좋은 신호를 발산할 것으로 예상하였다. 다소 우여곡절이 있지만, 연애하는 것엔 문제가 생기진 않으나 자신이 의도적이든 의도적이지 않든 자신의 매력에 의해 자신이 원했던 연애 기류에 과부하가 걸릴 우려가 있다. 자신이 감당하지 못할 정도의 관심들을 쳐내야 할 의무적 압박감에 시달리게 된다. 그러나 이런 달콤한 유혹을 쉽게 뿌리치지 못하기 때문에 쉽게 결단을 내리지 못하게 된다. 관계를 정리할 타이밍이 놓치고 부득이하게 '어장'을 형성해 놓은 상태가 될 것이다. 자연스러운 어장이 아니므로 다가올 고통과 시련에 대비해야 할 것이다.

사례2 - 이 남자와 사귀면 어떨까?

상황 : 남자가 짝사랑하여 적극적으로 어필하는 상황
타로 : 유니버설 웨이트 타로
배열 : 컵 오브 릴레이션십 (S1 = 여성, 관계의 기초, S2 = 남성)

이 배열은 특별하게 관계의 기저에 놓인 핍 카드들로만 구성되어 있으며 그들 간의 상호 작용이 변칙적이고 반전이 있는 것이 흥미로워 사례로 선택했다.

컵 오브 릴레이션십의 특징은 시그니피케이터(Significator, 표지자; 질문에 의존적이지 않은 대상의 객관적 사실) 두 개를 사용하여 이들의 상호 관계를 파악하는 것이 목적이다. 보통은 표지자가 없는 스프레드가 대부분인데, 있더라도 하나가 있을 정도인 데 반해 이 스프레드는 두 개를 가짐으로써 좀 더 복잡하고 풍부한 해석이 가능한 특징이 있다. 단, 대상과 대상의 상호 작용에만 특화된 배열이기에 질문의 유형이 한정된다는 단점이 있다.

S1(Significator 1)은 내담자 본인을 말하며, 해당 배열에서는 컵+10으로

| 컵+10 | 컵+7 | 소드+3 |

나타났다. 컵+10은 '물', '헤(Heh)'와 '데카드', '말쿠트'의 조합으로 이루어진다. 성향으로 하면 '소소하지만 확실한 행복을 느끼고 고마워할 줄 아는 성향'이다.

컵의 목적은 '공감'이며, 컵+10은 컵+7과 컵+8의 진동 때문에 만들어진 컵+9가 격변하여 발생한 에너지이다. 컵+9까지 도달한 에너지는 지금까지 겪어 왔던 타인과의 공감을 아무렇게나 발산하는 것이 아닌 적절하게 그 에너지를 갈무리하여 10으로 격변하게 된다. 이렇게 완성된 상태의 컵의 미덕은 자신이 목적하는 상대 또는 자기 자신이 공감하고자 하는 상대를 찾는 형태가 된다.

내담자는 본인의 성향을 고집이 세고 사람 관계에 있어 철벽을 치는 경향이 있다고 했다. 이는 컵+10이 표지자로 나타났다면 너무 당연한 성향 패턴이다. 그만큼 사람과의 관계에서 정신없이 치이는 경우가 많았고 그것을 '쿨'하게 넘어갈 수 없는 공감자의 성향상 쌓여가는 관계에 대한 빚을 자신이 모두 갚아야 한다는 의무감을 가지고 있기 때문이다. 컵+10은 컵+1과 비교될 수 있다. 형태가 비슷하기 때문이다. 컵+1은 굉장히 순수한 열린 마음이다. 때 묻지 않은 순수한 물인 증류수에 해당한다. 어떤 것이든 받아들일 수 있는 상태이다. 컵+10 또한 어떤 것이든 받아들일 수 있는 상태이다. 그러나 컵+10의 물은 정화된 물이다. 매우 깨끗하지만 그 깨끗한 물은 오염물에 대한 대비책이 매우 잘 강구되어 있다. 그 이유는 컵+7과 컵+8에 의한 물의 오염상태를 절절하게 겪었기 때문이다.[4] 따라서 내담자는 자신의 가치관을 뚜렷하게 관철하여 자신이 원하는 사람에게만 에너지를 투자하는 정갈하고 의리 있는 타입의 사람임을 알 수 있고 그만큼 신뢰할 수 있으며 가슴 따뜻한 사람임을 알 수 있다.

S2(Significator 2)는 상대방을 말하며, 해당 카드는 소드+3이다. 소드+3의 성향은 '자신을 감추려 하고 주눅 들어있는 성향, 자신감 없는 사람'이다. 이 카드를 가진 자들의 특성은 자신의 단점을 극대화하는 자기 비하적 성질을 가진 타입이다. '공기', '바브'와 '트라이어드', '비나'의 조합을 가진 소드+3은 바브에 의해 공격당하는 자신에 대한 보호가 트라이어드 때문에 약하게 된다. 오히려 비나 때문에 자신을 엄하게 꾸짖는 경향이 있다. 따라서 이런 카드가 인간의 표지자로 설정되었을 때, 자기억제력이 강한 타입의 인간이며 사람과의 관계를 비교적 좋아하지 않는 타입의 사람으로 이해할 수 있다. 자신의 행동에 실수가 있어선 안 된다는 타인을 향한 배려가 특징이며 장점이지만 이 배려심은 타인을 위한

---

4) 오해할 수 있는데 컵+10이 나왔다고 해서 컵+10인 사람이 컵+7과 컵+8에 의한 오염을 겪었다고 확신할 순 없다. 선천적 성향을 나타내는 표지자의 경우는 태어날 때부터 이런 상태로 태어났을 수 있다.

친절이 아닌 자신의 단점을 보여주지 않기 위한 친절을 근본적으로 가지고 있기에 착해 보이지만 냉소적인 인간이라고 평가받는다.

실제로 상대방은 배려심이 많아 보이는 행동을 보여주지만, 엄밀히 보면 내담자가 원하는 방향에서의 배려심이 아닌 경우가 간혹 있다. 불필요한 겸손함이 많고 다소 자신감이 없어 보이지만 특정 상황을 분석하거나 상황 정리가 필요할 땐 냉정하게 정리하는 성격을 가지며, 타인에 관해 이야기할 땐 긍정보다 부정적인 형태로 이야기한다. 소드의 기본 속성인 절제의 성질은 이 사람을 냉정함을 주었지만 따뜻함을 주지 못했다. 그렇다 보니 따뜻함이 뭔지 모르는 소드의 특성상 타인에 대해 평가하거나 생각할 때 긍정보다 부정적인 모습을 우선 파악하는 성질이 있다.

이 두 사람의 관계의 기저는 컵+7의 역이다. 역방향에 대해서 간단한 설명이 필요할 듯하다. 역방향을 처음 보면 당황하게 되고 어렵게 느껴진다. 개념을 알면 조금 쉬워지지만 그 개념 자체가 난해하다.

타로에서 78장의 카드는 각각 특정한 포지션을 취하고 있고 에너지를 만들어내고 있다. 해부도와 같이 각각의 카드가 가지는 위치를 설정해 두면 서로 지배 관계에 놓이는 예는 있지만 같은 위치에 있지는 않다. 만약 타로를 인간의 삶을 읽는 도구라고 한다면 각각의 카드가 인간의 삶에 필요한 78가지 중 하나하나에 해당하게 되는 것이다.

가장 쉬운 해부도는 세피로트의 나무로 '아담 카드몬'이라고 부른다. 많은 타로 연구자들은 각자 자신만의 해부도를 가지는데 필자가 만든 해부도는 '퍼플 클록'이라고 부르는 시스템이 있다.

이 해부도에 위치된 카드가 역방향이 되면 그 해당하는 위치의 에너지를

'막고' 있는 형태가 된다. 정방향의 의미에서 역방향으로 '막았다'고 해석하는 게 가장 쉽게 이해하고 사용할 수 있다.

관계의 기저에 컵+7은 '환상'이다. 컵+7은 '물', '헤(Heh)'이다. 사례 1에서의 컵+7과 같은 의미가 있지만, 스프레드 위에서의 타로는 스프레드에 의존적인 성향이 있다.[5] 그러므로 연말의 컵+7과 관계의 기저에 있는 컵+7은 그 의미는 같으나 해석이 달라진다. 연애운의 흐름 중 그 끝에서 상황을 귀결시키는 의미가 있던 연애운 연말은 '자신의 허영심에 의한 연애 갑질 형태'로 해석이 될 수 있다.

관계의 기저는 말 그대로 두 사람의 관계에 기본으로 깔린 에너지이다. 결과로 만들어지는 에너지와 바탕에 깔린 에너지는 그 의미가 당연히 다르다.

여기서 컵+7은 물, 헤 Heh 에 의해 발생하는 서로 간의 공감이 기본이 되며 이 공감이 실제론 헵타드에 의해 과도한 공감 형성이 이루어지고 있는 것으로 볼 수 있다. 인간관계에서 공감대를 형성하는 게 과도해진다는 건 실제로 일어나기 어려운 현상이다. 이 공감대가 진실일지 아닐지 확인해 볼 필요가 있을 정도로 달콤하고 유혹적인 공감대 형성이 될 것이다. 그러나 해당하는 위치에 있는 컵+7은 역방향이므로 이런 에너지가 막힌 상태이다. 즉, 이미 이런 공감대 형성에 대한 의문을 서로 품고 있다는 이야기이고 상황을 미루어 보아 남자가 어필하는 상황이므로 여자 쪽에서 의문을 품고 있음을 짐작할 수 있다.

지금까지의 상황과 해석을 정리하면 여자는 신뢰할 수 있는 사람이 아

---

5) 장재웅 (2018) '타로 해석학 개론', 북랩. p81

니면 마음을 열지 않는 경향이 있다. 이 관계에서 남자가 맹목적인 짝사랑을 하는 모습으로 보인다. 아마도 남자의 공격적인 어필이 여자의 방패를 허물 가능성이 크다. 이는 여자 쪽의 방어기제가 물로 되어있기 때문이다. 조금씩 남자와의 공감을 풀어나갈 것이다.

그러나 이는 남자가 소드+3이기 때문에 가능하다. 컵+7역 방향에 의해 여자의 방어는 매우 견고하므로 단순히 연애만을 위한 사고방식으론 여자가 경계하기 위해 파놓은 해치를 건널 수 없다.

여자의 방어는 물로 이루어져 있기에 다소 부드러워 보이는 경향이 있어서 단순한 연애로 접근하는 남자들이 꽤 있었을 것으로 예상한다. 그것이 이 여자에게 상처를 줘서 만들어진 후천적인 성향이든 본래 이런 성향이든 이 견고함을 이겨낼 방법은 오로지 맹목적인 사랑밖에 없다.

그 부분에서 소드+3의 뒤 없는 돌진은 매우 효과적이다. 지금 당장은 이 남자를 믿을 수 없는 상태이지만 이남자의 진심과 절절함이 닿는다면 여자의 마음을 순식간에 허물 수 있을 것이다.

해당 컵 오브 릴레이션 십을 전부 보면 좀 더 섬세한 이해가 가능할 것이다. 그렇지만 이렇게 기저에 깔린 3장만 보고도 결론을 유추할 수 있다. 실제로 이 커플은 후에 교재를 시작하게 되었고 여자는 사귀고 난 뒤에도 믿지 못하는 눈길을 보내지만 남자는 개의치 않고 여자에게 맹목적인 사랑을 주고 있다고 한다.

사례3 - 하반기 금전운

질문 : 사업 실패로 1억의 빚을 지게 된 내담자는 빚을 갚을 수 없어서 매우 곤란하다. 다른 대출도 안 되고 빚만 가지고 있는 상황. 10월부터 원금 상환(빚 중 4천만 원은 무조건 상환해야 하고 나머지는 그래도 여유가 있다)을 진행해야 한다.

타로 : 유니버설 웨이트 타로

배열 : 소드+10역, 컵+퀸, 완드+4 (9월, 10월, 11월)

이 배열은 핍 카드 사이에 코트가 있는 배열이다. 1년 기한이 정해진 사례1과 달리 이 배열은 3개월을 특정하여 표현되었다. 코트가 배열에 있는 경우 다른 카드들은 코트의 영향력에서 벗어나질 못한다. 코트 카드가 가진 이론적 특성 탓에 다른 카드들에 영향을 많이 미치게 된다. 코트는 타로에서 모든 카드를 지배하는 성질을 가진다. 그 때문에 그 지배 성질이 그대로 해석에도 반영된다.

현재 배열에서 나타난 컵+퀸으로 예를 들면 컵+퀸의 지배 구역은 게자리로 메이저 아르카나의 7번 전차를 지배하고 있다. 이 지배 구역은 페이지를 제외한 나머지 코트 12개[6]가 전체 360°를 30도씩 12구역으로 나눠 지배[7]하는 꼴이다. 이 30°는 또 10°씩 나뉘어 소드+10, 컵+2, 컵+3으로

---

6) 각 슈트의 킹, 퀸, 기사

7) 여기서 지배는 '구성하고 있다'를 표현하고자 선택한 단어이다. 단순히 구성하는 것이 아니라 해당 카드가 주체가

소드+10   컵+퀸   완드+4

구성되어 있다. 따라서 컵+퀸은 전차와 소드+10, 컵+2, 컵+3 이렇게 4개의 카드를 지배하는 형태가 된다. 그러나 코트 카드는 최상위 카드가 아니다. 이 코트 카드를 90°씩 페이지가 지배한다. 컵+퀸을 포함해 펜타클+킹, 완드+나이트를 지배하는 페이지는 완드+페이지이다. [8]

이런 이론 형태는 코트가 가진 해석 기전에도 영향을 미치게 되어 코트에 대한 영향력에 대한 상황적 묘사가 모든 스프레드에 나타나는 지배적인 형태를 가진다. 가령 코트에 의해 '성공한다'고 해석된다면, 이 성공이 주어로 끌려가게 된다. 이 배열에선 컵+퀸이 전차의 게자리 성질을 가지고 있기에 자신이 가진 것을 지키려는 성질을 가진다. 여기서 게자리 성질을 제거한 전차의 형태를 포함하고 있으므로 단순히 지키는 것이 아니라 무의식적 책임감이 함께한다. 이 무의식적 책임감은 자신이 희생당하고 고통을 받아도 자신이 해야겠다고 각오를 다진 것에 가깝

되어 나머지 구성된 카드를 운용하는 형태를 가지기 때문에 '지배한다.'라고 표현했다.
8) Aleister Crowley, (1944), 'THE BOOK OF THOTH' Samuel Weiser, Inc, p158

고, 이로 인해 자신이 무엇인가 도움이 되었다는 것에 희열을 느끼는 성질에 가깝다. 따라서 이 컵+퀸을 "가깝게 교류하고 있는 사람에게 도움을 받게 되는데 그 도움은 결코 희생 없는 도움이 아닐 것이다."라는 해석으로 귀결된다. 좀 더 풀어서 생각해보면 질문자의 상황에 가장 도움이 될 수 있는 무의식적 책임감과 각오를 가진 사람 즉, 가족의 도움을 받는다는 이야기가 될 것이다.

처음의 소드+10역과 뒤의 완드+4를 아무리 잘 해석한다고 해도 컵+퀸이 주어가 되는 게 제일 깔끔하고 논리적인 해석이 돼버린다. 스프레드 의존법칙에 의거 날짜의 순서인 소드+10역을 먼저 해석해야 하지만 컵+퀸의 해석 후 다시 소드+10역을 해석해야 강한 신뢰도를 얻을 수 있다. 소드+10은 '공기', '바브'와 '데카드', '말쿠트'의 조합으로 이루어진 핍 카드이다. 공기가 엔네아드에서 데카드로 넘어갈 때, 엔네아드에서 비로소 본인이 할 수 있는 것이 아무것도 없다는 것을 깨닫고 좌절하는데 그것을 담담히 수용하고 자신의 이기적인 태도가 아닌 타인의 심리로 눈을 돌리게 되는 상황을 말한다. 당연히 자신의 이기적인 태도가 가시화되니 애써 무시했던 자신에게 꽂혀 있던 칼들을 발견하게 되는 것이고 그것을 담담히 수용하고 있다.

지금과 같은 상황에서 역방향으로 막힌 에너지 발현으로 표현된 것은 이를 수용만 하기보다 좀 더 자신이 받은 칼들에 대한 표현을 타인에게 적극적으로 알려서 능동적인 행동으로 대처하려는 긍정적 에너지로 발현될 수 있다.

물론 해결을 기대하거나 해결에 주안점을 두고 움직이지는 않는다. 기본적으로 정방향의 의미를 내포하기 때문에 자신의 태도와 그에 상응한

대가를 받았다는 것을 자신의 자존심을 굽혀가며 타인에게 숨김없이 하소연한다. 이런 기본적인 해석을 바탕이 된 상태에서 질문의 초점인 금전운으로 치환해야 한다.

금전운은 개인이 지배할 수 있는 영역이 아니다. 상황상 자신이 하소연하리라는 것은 분명하지만 그것은 금전운이라는 지배적 상황에서 나오는 부수적인 행동 패턴일 뿐이다. 쉽게 말하면 이 사람이 가진 성향과 행동을 소드+10역이 표현하는 것이 아니라 이 사람이 처한 상황에 대한 표현이 소드+10역으로 되었고 그에 따라 할 수밖에 없는 행동이 소드+10역에 포함되어있는 내적 코드가 부수적으로 발현이 이루어지는 것이다.

실제 이 배열에서 소드+10역의 해석은 위의 내적 코드를 외적 코드로 치환해야 한다.

치환하는 방식은 간단하다. 타로 해석을 할 때 질문에 따라 우리는 내담자의 안쪽에 스튜디오를 설치할 때도 있고 내담자의 피부 쪽에 스튜디오를 설치하기도 하며, 머리에도 설치하고 멀리서 조명도 하고 그 내담자가 포함된 집단을 조명하기도 한다. 이를 '시점 변환을 통해 해석라인 잡는 것'이라고 나는 표현한다. 이렇게 상상 속의 스튜디오를 내담자의 안쪽에 설치하여 드라마를 만드는 것이 타로의 일반적 해석 툴이다. 그러나 금전운은 내담자가 포함된 집단을 조명하는 방식. 즉, 전지적 시점에서 해석해야 한다.

이 사람의 8월 금전운의 전반적인 에너지는 이 사람에게 지금까지 주었던 혹독한 시련을 마무리하려는 성질로 해석할 수 있다. 실제로 이 사람은 빚 때문에 힘들었지만, 자신의 자존심과 뿌려놓았던 허세들에 의해 자신의 힘듦을 보여주기 매우 어려워했다. 오히려 이것을 경계하기 위한 세상의 억제력이 지금까지 작동해 왔던 것이 아닐까 미루어 짐작해볼 수 있는 대목이 소드+10역으로 금전운이 나타났다는 점이다.

8월에 지방에서 빚을 만들게 된 가게를 정리하고 서울로 올라오게 되었다. 이제 시련은 끝났지만, 내담자로선 과거의 압박에서 벗어날 수 없었다. 천천히 시련을 끝내는 것이 아니라 한 번에 인연을 끊듯 끊어버린 이 상황에 내담자는 매우 큰 허전함을 느낄 것이고 그 때문에 소드+10역의 부수적 해석인 '하소연'이 나타날 수밖에 없다. 이 사람은 지금까지 여자 친구와 어머니 그리고 빚을 진 사람들에게 자신의 실패를 알리지 않았으나 모두에게 솔직담백하게 전달하였다고 전해왔다.

컵+퀸은 금전운에서 매우 안 좋은 위치에 속한 카드이다. 현실과 도전 그리고 강한 에너지와 독립심이 필요한 현실적 상황을 확인해야 하는 질문인 금전운에서 소극적이고 자기방어적이며, 회피의 모습을 보여주는 컵+퀸은 매우 좋지 않은 태도이다. 앞서 말한 것과 같이 내담자의 안쪽에서 해석했을 땐 그렇다.

그러나 전지적 시점에서 해석하면 내담자뿐만 아니라 그 주변에 연루되어있는 모든 것들이 소극적이고 자기방어적으로 된다. 웃긴 것은 이런 보호 본능을 인간이 가지게 되면 집단을 형성하여 다 같이 살아남자는 윤리의식이 나타난다. 그렇다 해도 금전운을 바꿀 수 있는 건 컵의 공감이 아니라 완드의 확실함 또는 펜타클의 현실적인 에너지가 필요하다. 따라서 9월에 가서도 실질적인 돈이 움직이진 못할 것이고 말뿐인 탁상공론이 이루어지게 된다.

컵+퀸의 피드백 또한 돈에 대한 어떤 해결책을 바란 것이 아닌 자신의 잘못을 고해성사했을 뿐인데 주변 사람들에게 많은 위로와 해결방안에 대한 논의가 왔다고 한다. 내담자 말로는 '의외로'라는 말을 써가며 놀라워했다.

컵+퀸의 코드 영향력을 생각해 여기까지 해석이 진행된 상태에서 소드+10역을 다시 재해석한다.

8월부터 모든 시련이 거의 마무리 된 상황이다. 이 말은 뒤가 없다는 것이고 오히려 이런 전지적 상황에서 상대적으로 작은 개체인 인간들이 컵+퀸으로 탁상공론이지만 공감을 해준다는 것은 놀랍게도 매우 큰 시너지를 만든다. 이는 마치 공익광고에서 보여주는 불우한 이웃들의 사연에 크게 공감하여 현실감각 없이 돈을 기부하는 형국과 비슷하다. 세금을 대체하기 위한 기부와 다른 알고리즘이다.

소드+10역과 컵+퀸을 연계하여 확언할 수 있었던 것은 눈에 확연히 보이는 도움인 현금융통은 보이지 않지만 도움이 될 수 있는 실마리를 확실히 찾을 수 있을 것이라 예상했다. 앞선 컵+퀸의 피드백 이후에 서로 돈을 알아봐 주겠다는 지인이 많았고 하고 돈을 빌려준 사람들마저도 절반은 천천히 나중에 갚으라는 선처까지 받았다고 한다.

그렇다 해도 온전히 문제가 해결된 것은 아니었다. 돈을 빌려준 나머지 절반의 사람들은 돈에 대한 요구를 더욱 강하게 하고 있었다. 나는 이 배열을 결국 10월까지 한숨 돌릴 수 있는 상황이 올 거라고 해석했다.

완드+4는 '불', '요드'와 '테트라드'. '헤세드'의 조합으로 이루어진 카드이다. 금전운에서 필요한 거의 모든 조건이 이상적으로 잡혀 있다. 물론 현실적인 해결책은 아닐 수 있지만, 매우 긍정적인 안정감을 가져다줄 수 있는 코드다.

그러나 실제 피드백에서는 10월이 다 지나갈 때까지 빚 독촉이 매우 거세었고, 신용불량에 파산신청으로 인해 금융권의 대출을 받을 수 없으며, 대부업체에서 돈을 융통하는 것은 안 될 일이기에 진퇴양난 상황에 부닥쳐있었다. 이때까지만 해도 나는 이 해석이 틀렸다고 생각했다. 그런데 놀랍게도 생각지 못한 사람에게서 도움의 손길이 왔다.

여동생의 남편과 하소연도 없이 술만 먹었는데 갑자기 상상도 못 할 이자로 빚 독촉 금액만을 갚을 수 있도록 해주겠다고 제안이 들어왔다. 처남이 돈을 직접 대출받아서 현금으로 주겠다는 희생을 전한 것이다. 절대 해결할 수 없을 것으로 생각했던 이 상황을 남이나 다름없는 처남이 해주겠다고 말했던 건 내담자로선 말도 안 되는 상황이었다고 한다.

컵+퀸의 공감의 영역이 완드인 정복의 에너지로 조합되면서 온전한 방법은 아니더라도 금전적 사건이 해결된 사례이다. 물론 지금 가진 빚을 결국은 내담자가 전부 해결해야 하지만 이자 부담과 빚 독촉에서 벗어나 자기 생활을 찾은 점이 아마 펜타클 없는 다른 슈트의 조합에서 이루어진 성과가 아닐까 생각된다.

Epilog

타로에서의 수비학과 4원소는 이미 많은 사람이 연구했다. 그러나 카발라에 대한 인식은 낮은 편이다. 점점 나아지고는 있다지만 아직도 한국 타로 계는 카발라에 대해 '알 필요가 없다'고 한다. 알아야 한다고 깨닫고 있는 사람도 부담감을 느껴 포기하는 경우가 많다.

나는 타로의 역사적 배경과 선구자들의 이론 그리고 그것을 사용하는 방법이 기본적인 틀 안에서 갖춰진 뒤 자신의 스타일을 연구하고 발전시켜나가야 한다고 믿는다.

타로를 해석하는 건 결코 쉬운 일이 아니다. 많은 타로인들이 여러 가지 방법으로 해석을 매끄럽게 만들기 위해 노력하는데 해석에만 너무 집중하는 게 아닌가 싶기도 하다. 해석에만 집중하는 방식은 타로를 상담에 필요한 부수적 콘텐츠로 인식하게 만드는데, 이는 타로를 저평가하는 행위라고 생각한다. 타로에 접근하는 목적이 어떤 것이냐에 따라 그 이해의 방향성이 달라질 것이다.

타로는 '나'를 알기 위한 도구이다. 나의 길을 알고 있어야 비로소 타인과의 차이점을 알 수 있고 이를 비교 및 응용하여 타인의 방향성까지 간접적으로 제시할 수 있다.

이 책은 타로라는 사막에서 물웅덩이라도 발견하고 싶은 독자들을 위한 지침이 되었으면 좋겠다.

2019. 2. 2 장재웅(Adonai Paean)

참고 문헌

넬슨 신 (2004). 'ANIMA(TODyad) 와 철학자'. 새한 철학회 가을 학술발표회.

손윤락. (2016). '아리스토텔레스의 학문 분류와 그 의의'. 서양 고대사연구, 제46집.

송창호. (2015). '해부학 개념이 들어있는 아리스토텔레스의 철학'. 대한체질 인류학회지, 28권, 제3호.

양승훈. (1996). '물리학과 역사- 역사적 교수법을 이용한 물리학 개념학습', 청문각

엄원식. (1998). '구약성서의 수비학(數秘學)에 관한 탐구', 복음과 실천, 제21집.

오지곤. (1987). '연금술에서 근대화학으로'. 과학동아, 제15호.

이종문. (2010). 『노인과 바다』에 나타난 개인주의와 상호의존' 인문과학연구, 제25집.

장재웅 (2018) '타로 해석학 개론', 북랩.

찰스 폰스, 조하선역, (2000), '카발라' 물병자리.

최형익, (2000) '아리스토텔레스의 노동 – 사회철학과 정치이론', 한국철학사상연구회, 시대와 철학, 11권 1호.

홍 훈, (2006) '아리스토텔레스의 도덕적인 가계경제와 마르크스의 자본주의 생산경제, 서양 고전학연구 제26권.

홍수빈, (2010), "易學 啓蒙을 통해 본 易의 '數' 개념과 수비학(numerology)" 한국동양철학회, 東洋哲學, 第33 輯.

A.E Waite, (1926). 'The great symbols of the tarot', The occult review.

Aleister Crowley, (1944),'THE BOOK OF THOTH' Samuel Weiser, Inc.

Arthur Edward Waite. (1910). 'The Pictorial Key to the Tarot', Create space independent publishing.

David M. Burton, (2011),'The History of Mathematics- an introduction', Americas, New York, NY 10020, The McGraw-Hill Companies, Inc.

Dennis William Hauck, (2017), 'The Four Elements of Alchemy', WORLD-MYSTERIES.

Don Karr, (1991), 'Notes on Editions of Sefer Yetsirah in English'

Edward hussey. (1983). 'ARISTOTLE PHYSICS –BOOK Ⅲ AND BOOK Ⅳ'. Fellow of All Souls College Oxford.

Fred Gettings. (1981). 'Dictionary of Occult, Hermetic and Alchemical Sigils', Viking Pr, First U.K. Edition edition.

Fiebig and Evelin Burger (2013). 'The Ultimate Guide to the Rider Waite Tarot'. Llewellyn Worldwide Ltd.

H.P. blavatsky, (2014), the secret doctrine vol2, the theosophical publishing campany.

Israel Regardie, Cris Monnastre, (1986), 'The golden dawn', Llewllyn.

J.L. Heiberg, Richard Fitzpatrick (2007) EUCLID'S ELEMENTS OF GEOMETRY. book1

John Scott Lucas (2003). 'Astrology and Numerology in medieval and Early Modern Catalonia.' Koninklijke Brill NV, Leiden, The Netherlands.

Keller, J. and J. Keller (2001). The complete book of numerology. New York, St. Martin's Griffin.

Lawrence, S. B. (2001). The secret science of numerology : the hidden meaning of numbers and letters. Franklin Lakes, NJ, New Page Books.

Mary Katherine Greer, (1987), Tarot constellations patterns of personal destiny, a NEWCASTLE BOOK.

PAPUS, A. P. MortonLondon, (1892), 'The tarot of the bohemians', Chapman and Hall, Ltd.

REV.G. OLIVER, D.D. (1875), The Pythagorean Triangle: Or, The Science of Numbers, LONDON, JOHN HOGG & CO. PATERNOSTER ROW.

Robert, Wang, (1982), Qabalistic Tarot, Columbia, Maryland: SAMUEL WEISER INC.

Samuel Aun Weor, (2015), The Initiatic Path in the Arcane Of Tarot and Kabbalah, Create Space Independent Publishing Platform.

Sepharial, (2005), the kabala of numbers, Cosimo, Inc.

카발라, 수비학, 4원소의 매트릭스 리딩

타로카드 매트릭스

1판1쇄 발행일 2019년 7월 15일
1판2쇄 발행일 2022년 4월 29일

지은이 장재웅
펴낸이 류희남
디자인 디자인오감

펴낸곳 물병자리
출판등록 1997년 4월 14일(제2-2160호)
주 소 서울시 종로구 새문안로5가길 11, 801호(내수동, 옥빌딩)
전 화 02-735-8160
팩 스 0502-735-5000
메 일 aquariuspub@naver.com
홈페이지 www.aquariuspub.com

ISBN 978-89-94803-56-2 03180